# 吉林通志

九

［清］長順　訥欽　修
［清］李桂林　顧雲　纂

# 吉林通志卷六十八

## 職官志十一 裁缺表

### 裁缺官

巡察御史雍正二年初設滿漢御史各一員七年裁漢御史嘉慶四年滿御史亦裁

| | 滿御史 | 漢御史 |
|---|---|---|
| 雍正二年 | 邁柱 滿洲鑲藍旗人 | 趙殿最 浙江□□人 |
| | 赫色 滿洲鑲藍旗人 | 王玨 □□□□人 |
| 三年 | 蘇赫 滿洲正黃旗人 | 方覲 □□□□人 |
| 四年 | 常德 滿洲鑲紅旗人 | 陳德 □□□□人 |
| 五年 | 馬賽 滿洲正白旗人 | 王聯晉 四川□□人 |

| | | |
|---|---|---|
| 六年 | 那泰 滿洲鑲紅旗人 | 馮長發 陝西口口人 |
| 七年 | 雅爾虎達 滿洲正白旗人 | 漢御史缺是年奉裁 |
| 八年 | 鄂昌 滿洲正黃旗人 | |
| 九年 | 平圖 滿洲口藍旗人 | |
| 十年 | 常祿 蒙古鑲白旗人 | |
| 十一年 | 薩哈諒 滿洲鑲藍旗人 | |
| 十二年 | 承祚 滿洲鑲藍旗人 | |
| 乾隆元年 | 慧中 滿洲正黃旗人 | |
| 二年 | 蘇昌 滿洲正藍旗人 | |
| 三年 | 蘇赫臣 滿洲正藍旗人四年五年留任 | |

| | |
|---|---|
| 六年 | 官福 滿洲鑲紅旗人 |
| 七年 | 武柱 滿洲鑲黃旗人 |
| 八年 | 台柱 滿洲鑲藍旗人 |
| 十年 | 武柱 再任 |
| 十一年 | 塔坦 滿洲正紅旗人 |
| 十二年 | 官泰 滿洲鑲白旗人 |
| 十八年 | 傅森 滿洲正黃旗人 |
| 二十一年 | 伊祿順 滿洲正白旗人 |
| 二十四年 | 耀海 滿洲正白旗人 |
| 二十七年 | 甯泰 滿洲鑲白旗人 |

| | |
|---|---|
| 三十年 | 宗室玉鼎柱 鑲藍旗人 |
| 三十二年 | 增祿 滿洲鑲藍旗人 |
| 三十六年 | 覺羅敦岱 鑲黃旗人 |
| 三十九年 | 永安 滿洲正紅旗人 |
| 四十四年 | 蘇卜東阿 蒙古鑲紅旗人 |
| 四十八年 | 宗室麟甯 正藍旗人 |

按滿御史缺嘉慶四年奉裁自是年至裁缺年分任人無考

理刑司事同治四年初設掌印滿郎中主稾漢員外郎幫稾漢主事光緒八年裁幫稾漢主事十二年掌印主稾缺亦裁

| | 掌印滿郎中 | 主稾漢員外郎 | 幫稾漢主事 |
|---|---|---|---|
| 同治四年 | 明恕 旗分未詳刑部郎中 | 祝禎 順天大興人四品銜刑部候補 | 王建本 山東淄川人刑部候補主 |

| | | | |
|---|---|---|---|
| 五年 | 覺羅常岱滿洲正白旗人刑部郎中 | | |
| 七年 | | 楊士端直隸臨榆人王子副榜知府銜刑部郎中 | 趙樸山東德州人刑部候補主事 |
| 八年 | 齡椿滿洲鑲白旗人知府銜刑部郎中 | | |
| 九年 | | | 童德中四川江北人員外郎銜刑部候補主事 |
| 十年 | | 毛鎮撫□□□□人道銜刑部郎 | |

員外郎

事

| | | | |
|---|---|---|---|
| | | 補郎中 | |
| 十二年 | 傑光 滿洲正藍旗人 刑部郎中 | | 何友濟 □□□□人 員外郎銜刑部候補主事 |
| 光緒二年 | 富泰 □□□□旗人 道銜刑部郎中 | 查炳章 順天宛平人 四品銜刑部候補員外郎 | |
| 三年 | | | 馮栻宗 □□□□人 四品銜刑部候補主事 |
| 五年 | 文凱 □□□□旗人 刑部郎中 | 陶家騶 江西南昌人 刑部郎補郎中 | |
| 六年 | 英顯 □□□□旗人 刑部郎中 | | 馬文耀 山西懷仁人 刑部主事是 |

十年

啟勳□□□□旗人四品銜即選知府刑部郎中　是缺十二年奉裁

趙蓉鏡甘肅平涼人刑部郎中兼襲雲騎尉　是缺十二年奉裁

缺八年奉裁

# 吉林通志卷六十九

## 職官志十二 宦績一

蕭烏納遼以上　烏頁爾
來阿巴齊　達春
劉哈喇巴爾圖　努都爾噶元以上

耶律倍小字托雲原作圖欲聰敏好學外寬內摯神册元年春立爲皇太子續通志會西征留守京師宏簡錄因陳取渤海計天顯元年從征拔扶餘城帝欲括戶口諫曰今始得地而料民民必不安若乘破竹之勢徑造輝罕原作忽汗城克之必矣太祖從之續通志命爲前鋒夜圍輝罕城大諲譔降宏簡錄尋復叛太祖破之改其國曰東丹遼史城曰天福宏簡錄以倍爲人皇王主之遼史亦

有宮殿被十二旒冕服皆畫龍象契丹國志建元甘露稱制置左右大次四相及百官遼史凡左右平章事大內相以下百官皆自除授契丹國志歲貢布十五萬端馬千匹諭之曰此地瀕海非可久居留汝撫治以見朕愛民之心駕將還倍作歌以獻續通志陛辭太祖曰得汝治東土吾復何憂號泣而別遂如儀坤州未幾太祖訃至即日奔赴山陵宏簡錄耶律迪里建言帝位宜先嫡長今東丹赴朝當立遼史七十七諸部希后意共立德光五代史記立後尙在皇都詔遣耶律伊濟遷東丹民以實東平宏簡錄徙倍居之

耶律安圖原作安端字猥隱太祖五子表皇子天贊元年征渤海破老相兵三萬餘人安邊鄚頡定理三府叛平之續通志太祖崩母舒嚕遣安端之扶餘按資治通鑑作守東丹代托雲原作突欲五代史天祿初以功王東丹國賜號明王遼史表

耶律迪里原作覿烈字裕勒沁原作兀里軫遼史裕悅赫嚕之弟續通志以謹愿寬恕大見器使太祖即位入侍帷幄與聞政事宏簡錄從伐渤海拔扶餘城留迪里與伊德實原作寅底石守之天顯二年留守南京按續通志作東京十年卒年五十六弟伊濟遼史

伊濟原作羽之小字烏里原作兀里字伊德森原作寅底哂幼豪爽不羣長嗜學通諸部語太祖經營之初多預軍謀遼史天顯元年命爲東丹王中臺省右次相宏簡錄時人心未安左大相特爾格原作迭剌不踰月薨伊濟蒞事勤恪威信並行太宗卽位上表曰我大聖天皇始有東土擇賢輔以撫斯民不以臣愚而任之國家利害敢不以聞遼史渤海昔畏南朝阻險自衛居輝罕城今去上京遼邈既不爲用又不罷戍果欲何爲宏簡錄先帝因彼離心乘釁而動故不戰而克天授人與彼一時也遺種寖以蕃息今居遠境恐爲後患梁水之地乃其

故鄉地衍土沃有木鐵鹽魚之利乘其微弱徙還其民萬世長策也彼得故鄉又獲木鐵鹽魚之饒必安居樂業然後選徙以翼吾左突厥黨項室韋夾輔吾右可以坐制南邦混一天下成聖祖未集之功貽後世無疆之福表奏帝嘉納之是歲詔徙東丹國民於梁水（按太祖本紀作東平梁水即郡之東梁河也）時稱其善（遼史）東丹王自以失職越海奔唐（通鑑二百七十七）伊濟鎮撫國人一切如故以功加守太傅遷中臺省左相會同初以册禮赴闕加特進（遼史）表奏左次相渤海大素賢貪墨不法事詔僚佐部民舉有才德代之（宏簡錄）卒子和哩（原作和里）終

東京留守遼史

耶律蘇色原作速撒字阿敏性忠直簡毅練武事應歷初爲侍從累遷圖魯卜原作突呂不部節度使歷霸濟祥順聖五州都總管俄爲敦睦宮太師保甯三年改九部都詳衮遼史凡臨戎陳與士卒同甘苦所獲均賜將校賞順討逆威信大振在邊二十年卒宏簡錄

蕭恆德字遜甯有膽略而善謀統和元年尚越國公主拜駙馬都尉遷北面林牙從宣徽使耶律阿穆爾原作阿沒里征高麗還改北面林牙爲東京留守遼史烏舍烏哲圖渤海雅爾丕勒等侵鐵驪宏簡錄從都部署和

碩鼐（原作和朔奴）往討（遼史）駐於鐵驪秣馬數月（和碩鼐傳）進至城下哲圖請降有詔撫諭（宏簡錄）恆德利其俘獲不許（遼史）下令急攻城中大恐哲圖率衆死守依埤堄虛構戰柵誘軍登陴俄撤支柱登者盡覆（宏簡錄）和碩鼐議欲引退恆德曰以彼倔强吾奉詔來討無功而還諸部謂我何若深入多獲猶勝徒返和碩鼐不得已進擊東南諸部至高麗北鄙比還道遠糧絶士馬死傷甚衆坐是削功臣號十四年爲行軍都部署伐博囉滿達勒（原作蒲盧毛朵）部還因事賜死（遼史）

耶律額布勒（原作烏不呂遼史改烏爾古巴）字留隱（續通志）嚴重有膂

力善屬文統和中從蕭恆德伐博囉滿達勒部以功爲東路統軍都監遼史德讓薦其材可任統軍使必能鎮撫諸番太后從之加金紫崇祿大夫檢校太尉宏簡錄其後退歸田里以疾卒遼史

蕭柳字圖們原作徒門幼養於伯父巴雅爾原作排押多知能文膂力絶人統和中叔父恆德臨終薦其才詔入侍衞遼史爲北女眞詳衮政濟寬猛部民畏愛遷東路統軍使秩滿百姓願留許之續通志從伐高麗遇大蛇當路拔劍斬之師還致仕生平好滑稽雖君臣燕飮詼諧無所忌時故比之俳優宏簡錄臨終謂人曰吾少有

致君志不能直遂故以諸進冀萬有一補頃之被寢衣而坐呼曰吾去矣言訖而逝遼史

耶律布庫原作蒲古字提隱太祖弟蘇四世孫續通志以武勇稱統和初爲涿州刺史從伐高麗有功遼史太平二年城鴨淥江命守之在鎮有治績宏簡錄五年改廣德軍節度使尋遷東京統軍使蒞政嚴肅諸部懾服九年大延琳叛遼史國號興遼建元天慶令其太師大延定引東北女眞相攻東國通鑑以書結渤海人夏行美行美時總渤海軍於保州宏簡錄執其人送布庫布庫入據保州續通志斷其軍路黃龍保州皆不附惟南北女

眞從之宏簡錄延琳氣沮以功拜特哩袞原作惕隱

耶律哈爾吉原作合里只字特們原作特滿六院額爾奇木巴

古濟原作蒲古之之後重熙中累遷西南面招討都監清

甯初起爲懷化軍節度使七年入爲北院大王按本紀咸雍七年哈爾吉自東北路詳袞入爲南院大王封豳國公歷遼興軍節度使

東北路詳袞加兼侍中致仕卒遼史爲八明達勤恪懷

柔有道置諸賓館及西邊營田皆自發之宏簡錄

耶律浩善原作侯哂字托紐原作禿甯遼史黃皮室詳袞和克

子初爲西南巡邊官以廉潔稱宏簡錄重熙十一年徙

東京留守遼史十三年與知黃龍府蕭烏魯斯將兵討

傅囉滿達勒部有功加兼侍中致仕卒宏簡錄

耶律仙童仲父房之後重熙初爲宿直官累遷特哩衮原作惕隱都監以寬厚稱遼史本傳重熙六年伊嚕濟國人星哈等訴酋帥渾敞貪污罷五國酋帥設節度使以領之部族志富珠哩原作蒲奴里叛命爲五國節度使率師討之宏簡錄擒其帥托多羅原作陶得里本傳十八年以降烏爾古叛人授左監門衛上將軍本紀改彰國軍節度使拜北院大王清甯二年知黃龍府事歷忠順武定二軍節度使致仕封蔣國公咸雍初徙封許國卒遼史

大康乂渤海人開泰閒累官南府宰相出知黃龍府

善袞撫東都懷服額爾德尼原作榆里底乃部長布延原作伯陰與伊勒必原作榆烈比來附送於朝且言博囉滿達勒原作蒲盧毛朵界多渤海人乞取之詔從其請康乂領兵至大石河圖卜準原作駝準城掠數百戸以歸未幾卒遼史

大公鼎渤海人幼莊愿長而好學咸雍十年登進士第累遷興國軍節度副使徙長春州錢帛都提點車駕如春水貴主例爲假貸遼史公鼎拒之頗聞怨詈語不顧曰豈可輟官用徇人情此吾之職也不敢廢也宏簡錄

耶律特默原作特麼季父房之後重熙間爲北剋累遷六

部圖哩原作禿里太尉大安四年爲倒塌嶺節度使頃之爲禁軍都監是冬討磨古斯斬首二千餘級十年復討之既捷授南院宣徽使壽隆元年爲北院大王四年知黃龍府事薨遼史

耶律適祿按續通志作達魯字薩蘭原作撒懶清甯初爲本班郎君稍遷宿直官遼史乾統中從伐準布原作阻布有功加奉宸歷護衛太保改宏義宮副使時上京梟賊趙鍾格原作鍾哥跋扈續通志適祿擒之加泰州觀察使爲達嚕噶原作達魯號部節度使天慶中知興中府爲盜所殺遼史

蕭烏納一名托卜嘉原作撻不也字達敏原作特免六院部人

續通志魁偉簡重善騎射壽隆元年拜北府宰相遼興軍節度使加守太傅降甯邊州刺史尋改臨海軍節度使兀納上書曰自蕭哈里（原作海里）亡入女直彼有輕朝廷之心宜益兵以備不虞不報天慶元年知黃龍府事改東北路統軍使復上書曰（遼史）臣治與女直接境觀其所為志不在小宜先其未發舉兵圖之（宏簡錄）章數上皆不聽及金兵來侵戰於甯江州其孫伊德濟（原作移敵蹇）死之兀納退走入城留官屬守禦自以三百騎渡混同江而西城遂陷（遼史）天祚外雖以先朝重臣有定策勛每延問政事終不能用以疾卒年七十

宏簡錄

烏頁爾沙卜珠氏續通志四百四十八狀貌甚偉腰大十圍太宗即位命與薩里台和爾齊征遼東下之元史一百二十辛卯又與薩里台征高麗下受開龍宣泰葭等十餘城高麗懼請和烏頁爾曰若能以子爲質當休兵續通志辛丑遣其族子綍從烏頁爾來朝帝大悅厚加賜予俾充北京東京廣甯蓋州平州泰州開元府七路征行兵馬都元帥佩虎符元史憲宗初召問東夷事對曰臣雖老藉威靈指麾三軍敵國猶可克況東夷小醜乎帝壯其言俄病歸續通志

來阿巴齊甯夏人續通志四百六十八至元十八年授益都等路宣慰使都元帥二十一年調同僉宣徽院事遼左不靖降虎符授征東招討使阿巴齊招徠降附期以自新遠近帖然子吉遜原作寄僧爲碩達勒達屯田總管府達嚕噶齊納延叛戰於高麗雙城調萬安軍達嚕噶齊元史一百二十九

達春原作塔出蒙古扎拉爾氏東京路總管府達嚕噶齊至元十八年召見賜鈔六十錠旌其廉勤升開元等路宣慰使元史一百三十三累遷東京等路行中書省右丞改授遼東道宣慰使達春探知納延謀叛馳驛上聞

有旨命與皇子阿雅噶齊同力備禦續通志四百七十三女直碩達勒達官民與納延連結達春遂棄妻子與麾下十二騎直抵建州距咸平千五百里與納延黨岱遜巴圖爾等合戰兩中流矢元史繼知其黨欲襲皇子阿雅噶齊遂扈從皇子渡遼水納延軍來襲達春轉鬬而前射其酋特古斯台墮馬而死追兵乃退遂軍懿州州人羅拜泣曰非宣慰公吾屬無遺種矣續通志追納延餘黨北至金山戰捷帝嘉其功召賜黃金珠璣錦衣弓矢鞍勒二十八年賜明珠虎符充蒙古軍萬戶是歲復領軍討哈坦於女直還攻建州逐阿哈投

江死元史明年哈坦涉海南襲高麗達春復進兵討之入朝拜遼陽等處行中書省平章政事卒於位續通志子達蘭特穆爾原作荅蘭帖木兒中奉大夫遼陽參知政事元史

劉哈喇巴圖爾河東人家世業醫以功授和林等處宣慰副使至元二十七年遷河東山西道宣慰使續通志四百八十三居二年召還帝諭之曰自此而北納延故地曰阿巴拉呼者產魚吾今立城而以額斯琿哈努森奇爾濟蘇三部人居之名其城曰肇州元史一百六十九汝往爲宣慰使仍別賜汝名曰小龍兒或曰哈喇巴圖

爾汝可自擇（元史類編二十八）對曰龍非臣下所敢承帝曰然則哈喇巴圖爾可也復賜以繡衣玉帶（元史類編）既至定市里安居民一日得魚九尾皆千斤遣使來獻俄召還（元史）及世祖崩太傅伯顏奉太后命曰東方汝嘗鎮之今以屬汝勿俟制命（元史類編）授咸平宣慰使元貞元年拜御史中丞行至懿州卒（續通志）

努都爾噶（原作鈕的該）廣平王博爾濟（原作博爾朮）四世孫也（元史類編）早歲備宿衛累遷同知樞密院事既而廢處於家順帝至元五年（元史一百三十九）奉使宣撫碩達勒達（按元史作達勒達宏簡錄作水達達今從之）整理有司不公不法事三十餘

條元史朝廷由是知其才擢知嶺北行樞密院事元史類編

吉林通志卷七十

職官志十三　宦蹟二

博第　鄂彌達

新柱　卓鼐

恆祿　薩喇善

傅良　福康安

慶桂　琳甯

恆秀　寶琳

富俊　賽沖阿

喜明　松筠

傅啟圖　　覺羅寶興

寶昌

傅第姓完顏氏隸滿洲正藍旗雍正二年由怡親王

允祥王府長史擢鑲白旗漢軍副都統五年纍調正

白旗滿洲副都統疏言旗人襲職出缺後所送家譜

本旗無可覈對恐有錯誤請嗣後凡世職家譜豫取

保結校對鈐印存交本旗衙門

從之歷擢正白旗蒙古都統十三年授甯古塔將軍乾隆元

年調奉天將軍三年調黑龍江將軍疏請將黑龍江

貿易民人分旗查管初至詢明居址令互結註册貿

易畢趣回病故者除名凡娶旗女買旗屋及散處城外村莊者禁之如犯法將該管官查議其非貿易者量給限期飭令回籍如所請行蓋當時東三省於滿漢畛域其嚴如此八年調吉林將軍即甯古塔將軍移住吉林者明年調西安將軍十四年召來京復授正白旗蒙古都統十七年以年老命在散秩大臣上行走二十六年卒

鄂彌達姓鄂濟氏隸滿洲正白旗雍正六年由吏部郎中授貴州布政使尋擢廣東巡撫疏言鳥槍嚮有嚴禁但廣東瓊州孤懸海外民資防禦未便如內地

收繳請戶許藏一多者罪之如所請行署廣東總督即眞兼管粵海關稅務疏言總督嚮住肇慶所以控制兩粵今廣西已歸雲貴總督轄而廣東一省廣州爲適中之地請移駐廣州

從之乾隆二年疏言貴州新闢苗疆督臣張廣泗奏設屯軍墾逆苗絕田臣以見今苗稀畏威安貼將來生齒漸繁地少人多必致怨生又恐屯兵虐苗致激事變請將屯軍撤於附近防守其田仍給苗民

詔所奏識見甚正即朕意亦然但張廣泗持之甚力兼以首尾承辦此事不得不如彼所請朕以爲終非長策也五年

命來京授兵部侍郎明年出爲甯古塔將軍尋調荆州將軍
署湖廣總督十一年
命來京歷工部刑部尚書署吏部尚書兼議政大臣署直隸
總督二十一年授協辦大學士兼管吏部尚書協辦
步軍統領刑名事務加太子太保充
經筵講官二十六年卒
賜祭葬謚文恭
新柱姓富察氏隸滿洲鑲黃旗康熙四十六年襲其
祖羅多理騎都尉世職尋補藍翎侍衛乾隆六年洊
擢鑲白旗滿洲副都統八年授福州將軍十二年疏

言福州福寧二府紳士呈請開墾上下草塘各島意不在山而在海海利之大者如曰水海島左右水深處可採捕魚鮮曰網地水淺處張網以待潮涌魚至潮落取之曰魚碣就山脚巉石開鑿成圈潮來魚入潮去魚留曰紫菜磹乃山脚燒取紫菜地嚮無專主沿海貧民分收其利而輸魚課與使紳矜富戶壟斷不若仍公諸貧民俾資衣食

高宗是之十四年署湖廣總督調吉林將軍明年仍調福州署兩廣總督尋回任二十四年以親喪回旗明年

命爲葉爾羌辦事大臣疏陳巴達克山與博洛爾部接壤以

釁相刦掠前遣伯克薩里等往巴達克山諭索所掠齊特喇爾戸口什物索勒坦沙即遵撤其弟沙卜多爾噶達爾而遣所屬伯克等交還戸口什物得
旨所辦得宜予議敘尋同京授理藩院尚書數遷
盛京將軍三十三年卒官
賜祭葬謚勤肅
卓鼐姓泰楚魯氏隸滿洲正藍旗雍正七年襲父介石男爵及一等輕車都尉授西安左翼副都統調甯夏右翼副都統明年隨甯遠大將軍岳鍾琪征準噶爾九年擢甯夏將軍十二年坐兵事褫乾隆四年起

正白旗滿洲副都統十五年累擢歸化城都統明年
授吉林將軍兼署打牲烏拉總管十七年調浙江杭
州將軍坐事降乍浦副都統調杭州副都統二十一
年以疾乞休二十六年卒
恆祿隸鑲藍旗宗室簡儀親王猶子乾隆二十五年
由輔國公授吉林將軍以廉潔著俸餉外一無所染
嘗危坐小閣中取每年出入之籍手錄封之或以問
曰俟籍沒時出爲證也由是人皆畏法會產蔘甚盛
無敢私者歲增銷數千票兵餉賚以接濟當路索貂
裢數事直無所出售奉天舊產償之三十四年調奉

天將軍去他未詳
薩喇善隸正白旗宗室也乾隆十四年由頭等侍衛
累遷成都副都統十九年充駐藏辦事大臣二十二
年擢吉林將軍尋疏陳拏獲偷買人葠之陳中元等
十三名獲人葠三千二百餘兩並狐皮馬匹銀兩二
十四年吉林城中旗民草房燬七百餘間積蓄並盡
疏請借給倉穀且豫借給官兵半年俸餉爲葺屋資
高宗以被災較重所借銀兩穀石並
賞給之尋疏吉林三姓地方與甯古塔拉林相距俱五百餘
里嚮無臺站請由拉林沿松花江迤北至三姓地方

設八臺臺設筆帖式領催各一如所請行明年疏言
拉林阿勒楚喀地方所駐滿洲日多居民日密商販
牲畜不期而集請照甯古塔伯都訥之例設立稅局
充本處俸餉二三年後再定稅額
從之秋疏陳副都統巴岱查視挖蔘人夫每船入米浮多令
其添票恃衆不遵毆傷領催巴善旋糾赴副都統衙
門羣鬨巴岱未及清查各船人數遂給與腰牌令往
臣復派副都統增海率兵稽查
詔羣鬨之時能將爲首者擒戮餘衆自懾服旣不能迅辦反
給與腰牌殊屬怯懦不堪可卽予正法薩喇善身爲將軍

理宜親往查辦乃僅遣增海亦屬不知輕重發往伊犂效
力贖罪薩喇善子
乾清門侍衞恆賓請代行
高宗斥其沽名釣譽
命褫侍衞隨行既而伊犂將軍明瑞以薩喇善效力三年期
滿
聞
詔薩喇善罪遣日逗留不前應少留待三十年恆賓戰烏什
陣沒
高宗閔之

命薩喇善同京尋以副都統銜充庫爾喀喇烏蘇辦事大臣
復坐謫伊犂三十六年
賞侍衛銜三十八年卒
詔以料理策伯克多爾濟游牧功贈副都統銜
賜祭葬

傅良姓富察氏隸滿洲鑲黄旗大學士馬齊子乾隆
十四年襲一等伯爵兼一雲騎尉授散秩大臣尋加
伯號曰敦惠二十五年累授伯都訥副都統明年以
伯都訥旗民雜處命盜要犯羈分四門堆房看守易
致脫逃咨吉林將軍恆祿疏請設立監獄擇驍騎校

之勤慎者管理

從之二十八年調吉林副都統擢歸化城都統尋以缺裁

命仍留吉林副都統任未幾授鑲藍旗漢軍副都統三十三

年擢綏遠城將軍明年調吉林將軍三十五年疏言

拏獲偷挖私蔘各犯請分別正法發遣其挖蔘公費

請令前任賠補刑部以應正法者既未取據供詞應

發遣者又未將姓氏開列議駮

命將八犯解京交刑部訊辦尋

詔傅良奏挖蔘所需公費應用與否未分析聲敘概請以前

任賠補其拏獲偷挖私蔘一案亦經刑部議駮殊屬不曉

事體著來京尋累授寧夏將軍調西安將軍兼領侍衛內
大臣四十二年卒官
賜祭葬謚恭勤
福康安姓富察氏隸滿洲鑲黃旗大學士一等忠勇
公傅恒子乾隆三十七年以領隊大臣赴金川軍有
功封嘉勇男四十九年平甘肅石峰堡逆回晉爵嘉
勇侯五十二年林爽文叛臺灣督師渡海獲之晉爵
一等嘉勇公
賜紅寶石帽頂四團龍補服又
賜黃腰帶紫韁金黃辮珊瑚珠用示優異其他

恩數頻繁不可殫述五十六年廓爾喀擾後藏往征焉廓爾
喀降授大學士加一等輕車都尉令其子德麟襲五
十八年加公封號曰嘉勇忠銳六十年貴州逆苗石
柳鄧等叛督師勦之
賞三眼花翎晉封貝子爵銜制如宗室貝子子德麟副都
統銜在
御前侍衞上行走追封其父傅恆貝子嘉慶元年卒於軍
晉封郡王銜入祀昭忠賢良祠從其父傅恆配饗
太廟謚文襄
賜祭葬如故事金川石峰堡臺灣後藏之役或從阿桂或偕

海蘭察最後苗疆功幾蕆而卒則威望愈崇重矣圖
形
紫光閣者三贊皆
高宗御製其任吉林將軍蓋乾隆四十二年五十九年又奉
命至吉林勘將軍恆秀治瀋務不如制云
慶桂姓章佳氏隸滿洲鑲黃旗大學士尹繼善子乾
隆二十年以廕生授戶部員外郎充軍機章京累遷
理藩院右侍郎授滿洲正白旗副都統軍機處學習
行走四十年出爲塔爾巴哈臺參贊大臣夏哈薩克
巴布克自稱經阿布勒畢斯將伊授爲圖爾屯鄂什

克之阿克拉克齊偕阿布勒畢斯之子博晉以馬來
獻慶桂以巴布克未與博晉同來不可深信飭駁以
聞
諮巴布克爲人狡詐若不飭駁伊歸必又謊告阿布勒畢斯
其他所辦各就條理朕又得一能事大臣矣尋授吏部右
侍郎轉左出爲烏里雅蘇臺將軍遷正黃旗漢軍都
統四十八年由
盛京將軍調吉林將軍疏陳獲私挖蓡犯一百餘名
高宗以封廠停採原期護養蓡苗今私挖之犯多至百餘名
有封閉之名而無其實

詔慶桂飭所屬嚴拏私挖之犯仍放票開採續陳獲犯六百餘名蔘二百兩明年調福州將軍入

覲擢工部尚書仍直軍機充經筵講官歷署黑龍江將軍甘肅總督復授塔爾巴哈臺參贊大臣遷兵部尚書署

盛京將軍五十三年再署吉林將軍明年調署烏里雅蘇臺將軍授刑部尚書協辦大學士領侍衛內大臣予騎都尉世職加太子太傅銜嘉慶十九年以

文淵閣大學士休致二十一年卒

賜祭葬謚文恪

琳甯隸鑲藍旗宗室也乾隆三十二年由宗人府七品筆帖式遷宗人府經歷四十九年累擢禮科給事中明年署正藍旗滿洲副都統尋授山海關副都統五十三年遷黑龍江將軍明年調吉林將軍五十六年調

盛京將軍偕副都統靈泰等疏言奉天流寓閩人多於沿海駕駛漁船捕魚生理其中良莠不齊恐有不肖之徒駕船入洋句引盜匪已遵旨將流寓閩人編立甲社但沿海漁船有無蓬桅及長寬大小舊無定式嗣後請漁船有蓬桅者長不得過三丈

二尺寬不得過八尺䑶艙不得蓋用蒙板亦不許用
雙桅即單桅不得踰所限丈尺如此定以規式即不
能違駛入洋有不遵定式者照違制例治罪
從之嘉慶四年
召來京授散秩大臣署正白旗漢軍都統歷遷工部禮部吏
部尚書七年授協辦大學士加太子少保銜坐事罷
旋起禮部尚書兼管樂部太常寺鴻臚寺事以年老
乞休
允之十年卒
賜祭葬謚勤僖

恆秀隸正白旗宗室也乾隆四十三年由頭等侍衛加副都統銜爲西藏辦事大臣四十七年累擢黑龍江將軍五十四年調吉林將軍尋奉命查辦甯古塔副都統安臨以年老乘轎爲名私行坐轎及開設賭塲以賤價向商人買蔘各款鞫實請將安臨發往伊犂效力贖罪從之疏言吉林所屬驛站官助教各二員六年任滿升轉倉官六員三年任滿升轉遲速不均請照黑龍江倉站等官之例俱改爲四年限滿升轉如所請行調西安將軍復調吉林將軍調烏里雅蘇臺將軍以生母老

命仍回吉林將軍任疏言上年直隸歲歉聽流民出關求食至吉林地方者以萬數均獲生全今年內地有秋飭
命回籍咸以甫經全活移回轉恐失業此雖實在情形但人數衆多恐不肖雜處生事請照例造入紅册歲交丁銀嗣有願回籍者註明開除
允之五十九年副都統秀林疏參吉林協領諾穆三托蒙阿因辦蔘挪缺庫項派鋪戶醵銀彌補坐褫嘉慶四年起三等侍衞作爲副都統往烏什辦事卒
寶琳姓伊爾根覺羅氏隸滿洲正黃旗乾隆三十年由固山額駙累遷冠軍使以副將發貴州補清江協

賞戴花翎擢肅州鎮總兵調泰甯天津兩鎮總兵署山海關副將三十八年從征金川以功
副都統五十年擢浙江杭州將軍疏參杭州駐防協領各參佐領以下各官降革勒休並註銷記名者四十餘員
高宗慮其有意苛求
命閩浙總督長齡浙江巡撫吉慶確查密奏尋疏覆將軍寶琳御衆嚴明操防勤慎密訪其所參各官輿情亦稱平允並言杭州乍浦滿營婚嫁論財相沿成俗往往有髫年許字因男家無力納采婚嫁失時而該管章

京狃於積習並不設法催辦自賓琳到任後查明各旗婚姻已訂因索財而不能迎娶者數百家均勒限官爲完配其孤寡及惸獨無依者查明月給養贍

高宗嘉之五十九年調吉林將軍卒官

賜祭葬謚勤恪

富俊姓卓特氏隸蒙古正黃旗由繙譯進士授禮部主事嘉慶八年以署兵部右侍郎出爲吉林將軍尋

調

盛京將軍歷

盛京工部侍郎兼管奉天府府尹事及六邊邊門事務

授黑龍江將軍十九年調吉林將軍疏言拉林西北
雙城子所在地土沃衍應行開墾移駐京旗
仁宗命具試墾章程以進尋疏先於吉林等處閒散旗人內
揀選屯丁千名每丁給銀二十兩籽種穀二石於拉
林東南夾信溝地方設立三屯每丁撥給荒地三十
晌有奇晌六畝墾種二十晌留荒十晌種三年後晌酌交
糧貯倉十年後移駐京旗蘇拉時將熟地分給京旗
人十五晌荒五晌所餘熟地五晌荒五晌即給原種
屯丁免其交糧作爲恆產一切農具耕牛分別採買
於明春試墾如所議行二十二年調

盛京將軍明年復調吉林將軍疏陳吉林站丁典賣與
民地萬三千五百六十三晌請
賜額設站丁八百五十名每名十五晌九畝零作爲隨缺工
食如所請行二十五年疏言雙城堡左右二屯屯丁
到齊比屋環居安土樂業又條中左右三屯未盡章
程一每屯宜添井一眼以裕食用屯丁戶婚錢債爭
鬬事由各佐領呈報協領訊辦人命盜案報解阿勒
楚喀副都統驗訊轉咨將軍覈辦一雙城堡協領處
添設無品級筆帖式二員委官二員三屯佐領處添
設無品級筆帖式委官各一員以資差委稽查一總

屯達二十四人約束屯丁請給金頂並月給工食銀一兩一領催兵丁應得賞銀餉由將軍衙門給發未免稽遲請准由管理三屯協領處支存就近給領

從之且

獎其實心任事加一級道光元年疏陳吉林屯田移駐京旗閒散章程又請於吉林三山子三道溝等處開採煤窯並如所議行明年授理藩院尚書四年復授吉林將軍疏請每旗屯適中之地建設義學並嚴禁該屯丁冬令過江採樵

從之又條上雙城堡移駐京旗章程一京旗閒散有願往雙

城堡者著各旗於十月報齊戶部具奏十一月知照
順天府尹直隸總督
盛京吉林將軍正月初十以前定期啟行地方官計程
籌備一移駐京旗大都無力覓工請將戶部應發銀
兩俟抵吉林後由將軍衙門備用銀兩項下發給作
爲僱工之用俾盡地力其荒地五晌亦可隨時開種
一彈壓大臣改派年班仍令地方官隨同護視給與
車輛分段遞送一每年應修住房百所於本年冬間
備料以省運費
宣宗嘉納焉冬疏言吉林伯都訥開墾屯田奉

旨俟雙城堡有效再議今雙城堡三屯辦理完竣移駐京旗
視爲樂土伯都訥圍場計二十餘萬晌荒蕪既久地
甚肥饒開種易而經費亦省視雙城堡事半功倍自
應及時籌辦如所議行明年疏言吉林我
朝發祥之地俗厚風醇八旗臣僕皆當以
國語騎射爲重騎射而外當教以清漢文藝使知義方
請須發書籍清文條例以擴見聞
從之初部議雙城堡移駐京旗閒散隻身予房間牛種器具
半分不爲戶
命體察以聞疏言隻身閒散至屯種地無人炊爨及守局並

恐畢目無親隨意游蕩且每戶應得房間等物半分
不能適用應將隻身者不必拘有妻室但有父母子
女或伯叔兄弟等二三口均准爲戶照定章給予全
分如所議行尋
諭以籌辦屯墾不避嫌怨盡心宣力著有成效加太子太保
銜疏陳拉林鄕未設防禦及筆帖式辦公之員請於
甯古塔防禦十二員内移撥拉林四員其關防辦事
無品級筆帖式二員郎於拉林領催甲兵内揀選添
設又疏雙城堡移駐京旗每一旗五屯請再添總副
屯達各六名以資稽查並

從之壽疏吉林六副都統年班進京例應每年二員遇將軍
年班副都統則一員長途往反躭延時日署缺之員
未免意存推諉請以本年爲始如値將軍年班副都
統卽無庸進京如値副都統年班亦祇須輪替一員
來京以重職守如所請行七年授協辦大學士
命來京供職於是四任吉林將軍垂十三年矣京旗日有人
滿之患又無以養其生吉林雖非上腴而地廣人稀
維草之宅屯田於此且以實邊萬世之計也
仁宗
宣宗嘉富俊之績加級加銜謂旣引其緒滿漢皆吾赤子推

廣之以纘於

嗣世豈有涯哉而吉林稱賢將軍前有富俊後有銘安銘安

任光緒時攘羣盜設有司綱目𪊨具父老皆曰微斯

人則吉林已不可知隸旗籍者以一視而不能左右

其間扢之去顧其功不可沒也富俊卒東閣大學士

年八十有六贈太子太傅

賜祭葬謚文誠入祀賢良祠寶心傳者嘗官知縣坐事黜來

客於富俊雙城堡屯田多所規畫疏復其官視夫攘

善者抑異矣

賽沖阿姓赫舍里氏隸滿洲正黃旗乾隆五十二年

用前鋒參領從平臺灣林爽文以功
賜號斐靈阿巴圖魯列三十功臣中圖形
紫光閣
命詞臣爲贊五十九年累擢吉林副都統嘉慶二年調三姓
副都統率吉林兵從征三省教匪數以功被
優奬及
賜物甚夥五年擢固原提督參贊德楞泰疏言吉林索倫馬
隊在官兵中最爲得力賽冲阿管帶已越三年該提
督深得兵心人皆用命昨聞授提督無不同聲歡舞
及聞將他徙紛紛至臣處環跪祈留但固原提督未

便入留川省一俟川省肅清臣或與賽沖阿同往或
先令赴陝屆時權其緩急
從之明年授西安將軍七年
詔賽沖阿自隨征以來在諸將中勇略尤著晉世職輕車都
尉十年調廣州將軍尋以洋盜蔡牽竄入臺灣句結
匪徒
命爲欽差大臣前往督辦十四年累調吉林將軍十六年年
班入
覲疏言途次見逃荒民人詢係奉天所屬岫巖復州等處
歉收之户因札致吉林副都統松箖將災民暫行安

撫請於雜項動支銀兩設粥廠賑之會松筠疏報奉
天饑民入境見飭各員驅逐
詔斥之令如賚沖阿所奏辦理明年
詔八旗生齒日繁吉林地廣人稀所有閒曠地計可分贍移
駐旗人若干戶妥議具奏尋疏拉林西北有閒荒一處可
墾五千餘晌又東北夾信溝一處可墾二萬餘晌該
兩處距阿勒楚喀城四五十里不等恐新駐旗人副
都統難以約束且近年吉林各處所穫不豐請俟三
五年從容辦理又疏三道卡薩里閒荒地畝請撥補
吉林官莊壯丁除撥給外其餘閒荒不許旗民侵占

每年秋收後令該管官親往查勘以杜私墾

詔拉林附近既有可墾地二萬五千餘晌而三道卡薩里仍有閒荒可墾是該省曠地甚多不必延至三五年後可檢查乾隆年間移駐舊案先期試墾應辦各事宜即行籌議十八年調成都將軍陝西南山逆匪擾及川境督兵勦之以功晉二等男爵

賞戴雙眼花翎二十一年廓爾喀與披楞搆兵

命爲欽差大臣率兵赴藏明年歷授正白旗漢軍都統領侍衞內大臣累遷內大臣總諳達卒贈太子太師

命皇長子前往賜奠謚曰襄勤

喜明姓佟佳氏隸滿洲正藍旗乾隆五十二年以侍
衛從征臺灣有功嘉慶元年揀發四川都司從征三
省教匪以功
賞戴花翎
賜號勝琪台巴圖魯三省平累遷江南徐州鎮總兵十五年
擢雲南提督調直隸古北口提督十八年授吉林將
軍疏請添設伊通河巡檢一員以資彈壓
從之尋調赴河南勦教匪李文成既克滑縣
仁宗以所總吉林兵奮勇可嘉交部議敘明年坐事降西甯
鎮總兵尋授駐藏大臣二十年廓爾喀王與披楞搆

兵求賞助銀兩遵
旨嚴駁
詔嘉之二十二年累官烏里雅蘇臺將軍明年卒
賜祭葬謚勤毅
松筠姓瑪拉特氏隸蒙古正藍旗乾隆三十七年用
繙譯生員考補理藩院筆帖式四十九年累遷正紅
旗滿洲副都統
命赴吉林查辦邊務明年赴庫倫查辦俄羅斯事務有馬逸
入俄羅斯卡座其人獲而獻還因傳示各卡嗣後有
俄羅斯馬誤入官卡者亦如之事

聞
嘉其得體數擢至戶部尚書出爲陝甘總督時三省教匪未
靖
命密具統兵諸將優劣以
聞疏惟額勒登保英勇出羣其次德楞泰後卒成功此二人
力也嘉慶五年調伊犁將軍先是乾隆二十九年
詔伊犁田土肥潤將軍明瑞等查明地畝分給滿洲官兵以
資養贍尋查明可耕之地甚多請俟滿兵到齊辦理其後
數
詔籌辦任將軍者類以溉灌乏水爲詞八年疏言臣自接任

後探明近水可耕之田由惠遠惠甯兩城酌派閒散
試種通計所穫十分有餘本年秋麥又種千餘石亟
宜廣行汲引因於惠遠城東伊犂河北岸新開大渠
迤邐數十里又於城西北草湖中覓得泉源設法開
渠修築隄岸疏引支流其地卽分給惠遠城八旗耕
種至惠甯城八旗所耕本係裁撤綠營屯地原有渠
泉足資灌溉惟種地必資牛力請於官廠内借給惠
遠城每旗牛八十隻惠甯城每旗四十隻庶邊地駐
防兵農並習得

旨嘉允又疏伊犂塔爾奇地方礮設水磨派兵碾運麥麵以

給兵食而官兵皆願領麥易麪請撤其兵分屯耕種
從之冬疏陳伊犁屯種有效惠遠城得地八萬畝惠甯城得
地四萬畝請照伊犁錫伯營八旗屯種之例按名給
地各令自耕自食永爲世業軍機大臣議此項田畝
只可令閒散餘丁代爲耕種官兵不當親身力作有
妨操練
仁宗命妥與經理務使兵農不至偏廢十三年疏言惠甯城
東時有水泉蕩漾房屋多圮請展築城垣移建教場
並於城東挑一大渠引灌田畝又塔爾巴哈臺東北
夏閒應設卡倫查濟默爾色克卡倫地處山陰不生

柴草請移設於博洛呼濟爾又板廠溝安設塔布圖小卡於稽查哈薩克出入最爲有益又疏請塔爾巴哈臺地方撥兵加屯撥提督所屬中左右三營兵二百前往農隙操演守備千總外委各一員管轄又請禁達木達爾圖金廠於通山路徑安設卡倫派兵防守令塔爾巴哈臺庫爾喀喇烏蘇兩處領隊大臣每年按季巡查均

從之而阿奇木霍什納扎特以惠遠城旗屯公田與闢里沁回田均籍東山闢里沁泉水灌溉請開渠引霍什河水澆灌闢里沁回田以闢里沁泉水專灌惠遠城旗屯

公田覈如所請旣而得水豐餘兩有裨益焉尋復授
陝甘總督調兩江兼署江南河道總督旋調兩廣授
協辦大學士仍留兩廣俄
命來京授吏部尚書初
仁宗以八旗生齒日繁不敷養贍數
詔吉林將軍等於吉林等處籌度閒散地畝酌量移居十七
年
命往盛京敬謹會勘
永陵工程並籌辦移駐宗室房地各事宜明年授東閣大學
士中間數躓數起道光三年授吉林將軍明年疏陳

蔓務疲累情形請復舊規辦理並請屯田小綏芬等
處以供刨夫糧食
詔以繁費且恐別滋事端寢之調署烏里雅蘇臺將軍冬伊
犂將軍慶祥疏稱俄羅斯在哈薩克游牧地方蓋屋
種地請
敕下理藩院檄詢
宣宗詢之松筠疏言哈薩克素稱強悍或曾侵占俄羅斯地
今從索還不能不予而以無據之詞懇將軍奏明亦
未可知若理藩院行文查問俄羅斯直以索還侵占
爲言轉難辦理從前哈薩克襲封汗爵俄羅斯即有

哈薩克早經投順彼國之語又乾隆三十五年土爾扈特明背俄羅斯前來投順後俄羅斯行文索討
高宗純皇帝諭旨斥駁今以無關緊要之事行文令其遵奉儻彼以土爾扈特爲言或以哈薩克投順彼國爲詞徒生枝節有失體制況哈薩克非
國家用兵平定者緣乾隆二十二年平定伊犂之後哈薩克貢馬入
覲因封汗爵藉以羈縻其或向俄羅斯投順亦應置之不問且哈薩克游牧地方與俄羅斯毗連之處理藩院並無圖志今當曉諭哈薩克以

天朝定例外藩之地無圖志者例不辦理
宣宗詔慶祥如指而
嘉松筠熟悉邊情
仁宗亦嘗稱其熟悉新疆情形所纂新疆識略十二卷
賜序刊行故於西事備著之後又數躓數起十四年
命以都統銜致仕明年卒年八十有二贈太子太保銜
賜祭葬謚文清入祀伊犁名宦祠
博啟圖姓富察氏隸滿洲鑲黄旗嘉慶二年由五品
廕生襲一等誠嘉毅勇公爵授頭等侍衛歷遷户部
左侍郎兼正黄旗蒙古都統出爲察哈爾都統道光

七年調吉林將軍明年疏言雙城堡公倉應糶歸款穀石請照時價出糶又請添設圍場卡倫增設弁兵嚴定章程以防奸民潛入偷濩斫木並

從之冬疏陳吉林各站內過往馳驛各項差務請給稟糧

詔以來京首站新定之例一體給與稟糧以歸畫一尋以甯古塔水災疏請蠲振

允之九年

命籌辦雙城堡屯田事宜時雙城堡移駐京旗願往者少以霜早氣寒歲惟一熟又乏幫助耕耘之人因疏言擬減原定京旗戶數酌爲添給地畝始可漸形充裕至

京旗閒散未習農事請准其買僕代耕又原定京旗
住房寬闊難居請户改草房三間周圍加塗草土禦
寒均在中屯建蓋准於黄泥河左近伐木取材較爲
近便
從之累官領侍衛内大臣工部尚書管理行營事十四年卒
於海淀加太子太保銜
賜祭葬謚敬僖
覺羅寶興隸鑲黄旗嘉慶十年進士改翰林院庶吉
士散館授編修十八年累遷詹事府少詹事入直
上書房時

仁宗幸木蘭回次白澗逆匪林清令其黨潛突禁城
宣宗方於上書房讀書寶與下直將出東華門見賊勢鴟張
官兵力過之卽入
乾清門告警賊衆因得卽時殲獲擢內閣學士兼禮部
侍郎銜中間數躓數起道光十一年由鑲白旗漢軍
都統改左翼總兵授吉林將軍疏言東三省地方被
災歉收請將新收舊欠分別展緩又疏吉林各項差
務繙無辦公之款請以稅銀瀋餘項下發商生息銀
六千兩半備移駐京旗之賞半津貼吉林差務並
從之明年遵籌吉林所屬閒山打捕牲畜地界章程言吉林

打捕進貢牲畜圍場並松花江西岸輝發河北岸舊
係封禁毋庸另議其餘閒曠山場均設有卡倫仍循
定例攜槍出卡打捕牲畜者不必查禁如有攜帶民
人不領照票偷挖人蓡私斫木植者查拏治罪如所
議行秋疏陳新城局屯田地畝連年鑿井無水不能
開墾佃戶無力賠累將此項荒田二萬餘晌暫作禁
荒責成伯都訥副都統出示招募有無認墾之民年
終彙咨報
聞十三年調
盛京將軍瀕行疏言伯都訥界珠爾山所在荒地先後

開墾五千二百六十七二晌此項租錢請自道光十五年爲始以其半每年分賞兵丁半存備該城報修工程免銷正款此外尚有可墾荒地五萬六千餘晌作爲官荒將來吉林如有籌款之需奏請招佃徵租又烏喇涼水泉地界開墾七萬三千九百餘晌請自二道河以東撥出二萬晌以七成給烏喇總管衙門三成給協領衙門招佃收租以貲津貼其餘五萬三千餘晌亦作官荒將來吉林如有所需再行奏明辦理

並

從之十五年調成都將軍累授四川總督

文淵閣大學士加太保銜卒官年七十有二
賜祭葬謚文莊
保昌姓費莫氏隸滿洲正藍旗由官學生考取筆帖
式道光元年累遷内閣侍讀學士
賞頭等侍衛充駐藏幫辦大臣歷擢吏部右侍郎出爲熱河
都統十三年授吉林將軍疏言吉林士子赴奉天應
試較遠紳士捐建考棚請令學臣案臨
詔寢其議十五年調黑龍江將軍復授吉林將軍尋調烏里
雅蘇臺將軍二十年累官至兵部尚書卒贈太子太
傅銜

賜祭葬謚敬僖

# 吉林通志卷七十一

## 職官志十四宦績三

蘇清阿　樂善
祥康　經額布
倭什訥　固慶
恩華　景綸
阜保　富明阿
穆圖善　富僧阿
愛隆阿　增海
伊鏗額　常德

李金鏞　楊同桂

蘇清阿姓瓜爾佳氏隸滿洲鑲白旗嘉慶十八年從征河南教匪有功累遷二等侍衛道光六年由護軍參領授河南城守尉尋以頭等侍衛從征回逆張格爾復喀什噶爾四城及追獲張格爾以功

賜號超勇巴圖魯授正藍旗蒙古副都統列四十功臣圖形

紫光閣

御製贊曰河南守尉命往從軍擒拏首逆克集大勳心堅力勇朔漠銷氛急馳恐後嘉爾宣勤

命在乾清門侍衛上行走又

命在御前侍衛上行走十四年累授伊犁參贊大臣擢鑲藍
旗漢軍都統
命赴回疆覆查屯田情形疏陳巴爾楚克屯田原屬荒地距
回莊較遠與回民毫無妨礙見墾種二萬餘畝已於
本年升科開地益多報墾愈衆不惟屯糧可供兵糈
且於邊防大有裨益所有該處屯田應請無庸裁撤
至喀什噶爾屯田恐久後與回田不無轇轕莫若乘
此興辦之始早爲裁撤其無力貧民酌給口糧遣至
巴爾楚克安置疏入
宣宗甚嘉之明年擢吉林將軍尋卒

賜祭葬謚剛慤

樂善姓博爾濟吉特氏隸滿洲正黃旗一等侯永德子嘉慶元年以一品蔭生授員外郎十年襲侯爵道光元年由頭等侍衛擢鑲白旗漢軍副都統十年累擢烏里雅蘇臺將軍調福州將軍十五年英吉利夷船乘潮駛入熨斗內洋停泊會同閩浙總督程祖洛調派文武員弁馳往查禁初猶藐抗迨官兵齊集施以槍礮始懼竄小港把總林朝江等駕舟追及該夷仍持刀相拒朝江諭令出港夷復遞禀求於閩省貿易樂善等當給印札曉以大義仍將夷船驅逐出洋

詔夷船在洋面游奕如果去而復來不服曉諭即不能不懾
疏入
以兵威總在該將軍察看情形認眞防範固不可邀功滋
事亦不得但憑驅逐遂致廢弛當嚴飭文武水陸各員弁
防守口岸杜絕接濟俾該夷不得逞其伎倆以靖海隅冬
調吉林將軍明年入
覲
命留京署鑲藍旗漢軍都統十七年授荆州將軍以目疾未
之任十九年卒年七十有一
祥康隸正藍旗宗室也嘉慶十九年由宗人府七品

筆帖式署主事道光九年累遷光祿寺少卿授歸化
城副都統署綏遠城將軍十五年歷遷黑龍江將軍
調吉林將軍先是
盛京將軍奕經等會奏奉天圍場查禁鳥槍並沿邊防
範各章程
詔吉林圍場一律查禁疏言吉林旗人素多打牲爲業除嚴
禁私槍並私造外恐不肖旗人或將本身鏨字鳥槍
租與雜項丁民則偷打之弊仍不能盡絕應飭各該
管官查察吉林圍牆原設卡倫十四道傳遞籌隻而
派差查圍官兵與坐卡弁兵並不互相呈報應遵此

次章程嚴辦至嚴禁借給奸匪口米一條吉林圍場北邊係通京大路農民稠密如有偷打牲畜者本家即可密備口米雖有腰牌並無邊隘查驗惟有曉諭附近圍場旗民人等凡攜帶鳥槍斧鋸形迹可疑者不准賣給口米再奉天圍場與吉林圍場毗連之處以伊通河爲界西岸奉天設那丹保卡倫東岸係吉林伊通卡倫其間只隔一河巡查自無疏脫毋庸另議防範

允之

命查閱山西陝西營伍坐未能整飭降

盛京副都統明年署吉林將軍時以雙城堡地方有錦
州等城旗丁私自耕作
命查明具奏旋疏言雙城堡京旗房地分定準數均有界址
錦州等城旗丁私行來堡謀食其充丁者係頂任地
丁並無占礙嗣後請每年由熊岳副都統飭諭錦州
等城該管官造具細册咨各該衙門隨時稽查分别
咨覆以杜牽混
詔行之既久難保無內地民人潛往該堡影射牽混應嚴查
禁止十七年即員二十年伯都訥副都統巴雅爾劾私令
閩省官兵攤銀幫貼進京當差官兵十名歲人二百

兩
命同奏疏言前據十旗協領等稟稱吉林進京當差之員人
地生疎度日拮据擬每年按名接濟銀二百兩俟二
三年安居得所即行裁撤所需銀兩於通省官兵按
俸餉多寡捐資幫助恭查
聖駕巡幸
盛京吉林官兵隨營當差皆係通省官兵攤助見所挑
送官兵並伊等桑梓骨肉且每人所費無幾遂咨行
各副都統衙門亦皆願照辦理疏入部議坐應褫
命以藍翎侍衛充庫倫辦事大臣令署將軍祿普等查明所

攤扣各兵丁餉銀於庫貯項下按名給還所墊銀兩
令祥康追賠二十二年以足疾乞休
許之明年卒
經額布姓卜拉木氏隸滿洲正黄旗嘉慶十七年由
伊犁撫民同知累擢至道光十六年授山東巡撫遷
成都將軍明年調吉林將軍疏言舒蘭等處禁山有
遊民潛入居住失察各卡站官員應交部議處如所
請行二十三年遵
旨會議調劑雙城堡遷駐京旗章程請於該堡大封堆外所
圈荒地六萬五千餘晌内撥出三萬晌開種徵租分

給各戶並抽撥甲兵額缺挑補
從之又疏伯都訥八里荒等處查有私墾地畝二萬八千餘
晌請以地入官徵租部議照民地銀米並徵
宣宗命與副都統薩炳阿體察奏辦明年覆疏未便照民地
徵租仍請照旗地舊章辦理又疏涼水井地畝磽薄
未便加租並如所議尋坐前山東巡撫任內受鹽務
陋規降三級調用
文宗御極
詔起廢員尋
召見咸豐三年未及用卒

倭什訥姓伍彌忒氏隸蒙古正黃旗祖德楞泰繼勇
公父蘇沖阿襲一等繼勇侯爵署黑龍江將軍道光
九年倭什訥由一品蔭生授侍衛襲侯爵十三年累
遷內閣學士兼禮部侍郎銜十七年以兵部右侍郎
兼正紅旗護軍統領充
冊封朝鮮國王妃正使中閒蹟而復起二十三年自左副都
御史出署吉林副都統疏陳京旗遷駐雙城堡男婦
不諳耕作困窮情形乞
恩調劑尋遵
旨偕將軍經額布等會議章程事具經額布傳母喪回旗二

十八年歷擢荆州將軍明年調吉林將軍咸豐二年
以杭州將軍卒官
賜祭葬子希元襲侯爵光緒九年繼任吉林將軍
固慶姓額蘇里氏隸滿洲正黄旗道光八年舉人十
五年由刑部員外郎
賞頭等侍衛充哈密辦事大臣累遷杭州副都統三十年授
吉林將軍咸豐元年疏言吉林爲根本重地近聞盜
賊之盛實由窩藏之多此地旗人盡屬屯居與民雜
處宵小最易溷跡已嚴飭各旗並地方官編查保甲
但吉林地方遼闊密林深谷在在藏奸當日原設有

各旗界官各管各界更有巡緝捕盜之員率領兵役
按段梭巡搜捕立法未嘗不善近如巴彦鄂佛羅邊
門所在村莊毗連山谷多有無主尸身或有傷或無
傷未據該界官與巡緝之員禀報則日久怠玩已有
名無實吉林所屬人命事件舊責成地方官旗員不
與處分故遇事輒諉諸地方並不禀報請將專設捕
盜官悉停遇有盜賊滋擾處所不難隨時派員往捕
且嗣後不論旗界民界一體查報再有玩延即行參
劾又疏雙城堡各屯旗丁可六千餘戶人數浮於前
各處移來之人性情不一易滋事端惟一協領不足

以資彈壓擬以該堡協領改爲副都統職銜總管所有應辦事件徑咨報將軍衙門以專責成並將該堡佐領選派一員爲委協領幫辦一切事件又疏雙城堡所設協領佐領驍騎校各員遇有缺出以次拔補原爲就地取材俾諳屯務以期有益惟所轄之人皆童而習之不但不能彈壓且往往互相迴護擬以該堡協領一員佐領七員改爲公缺於吉林應選八員一體揀選驍騎校八員亦改爲挑選通省防禦之缺其協領佐領三年任滿准調補各處相當之缺又疏雙城堡水澗地九千餘晌與熟地毗連非禁荒可比

請分撥各佃認墾輸租充該堡官兵俸餉又疏吉林六旗馬廠地租歷年賞兵所撙節餘錢三萬八千串請以三萬串生息歲可三千餘串存將軍衙門爲捐辦修理要工經費免攤扣官兵俸餉餘八千串留爲現在修理各工之用均

從之明年疏言吉林土著旗民生齒日繁野無曠土其禁荒數處係備將來遇有酌量安置之用誠恐各邊卡日久疏懈流民復潛來將致人浮於地於旗民生計大有關礙吉林與蒙古荒界毗連難保無流民依親就食者而奸頑逃罪之徒或廁其內及平日久小則逞

刁健訟大則習為盜賊恐吉林渾樸之鄉漸染澆漓之習應嚴飭邊卡員弁認眞稽察如有潛來之戶即行阻回其內地流民請
敕山海關副都統及奉天嚴飭各屬要隘凡有票行旅驗明放行無票者不准偷過
詔如所請尋以粵逆肆擾請率吉林官兵前赴軍營
詔吉林官兵已派大員統帶該將軍所轄亦屬緊要無庸前往軍營尋奉
命挑吉林馬隊二千派雙城堡副都統銜總管西昌阿等統領赴河南三年與副都統琦忠互訐並坐褫六年

賞藍翎侍衛充庫倫辦事大臣尋
賞二等侍衛充葉爾羌幫辦大臣平巴爾楚克土賊及英吉
沙爾回匪
賞頭等侍衛充喀什噶爾辦事大臣九年以疾乞休
允之同治九年卒
恩華隸鑲藍旗宗室鄭愼親王烏爾恭阿子道光十
三年封輔國將軍授散秩大臣咸豐三年累遷總管
內務府大臣奉
命偕兵部左侍郎趙光查辦吉林將軍固慶副都統琦忠互
訐事疏固慶於所委佐領依祿查拏私硝受贓自陳

後仍回護派審此案實屬意存消弭琦忠於固慶不
遵定制挑馬甲及揀筆帖式亦旣一同畫行事經數
月始行舉奏實屬徇隱於前攻訐於後應俱下部嚴
議尋署吉林將軍偕趙光疏言近吉林各屬匪徒執
持火器犯案甚多經刑部申禁私硝而打牲烏拉地
方四百餘里無業旗民藉硝土爲生擔負售賣嚮不
之禁乾隆間有硝達硝戸名目嘉慶初年以該處採
辦貢品差務繁多將硝達硝戸奏裁歸鋪客採買其
阿勒楚喀三姓等城亦然嗣後若槪行禁止不惟妨
旗民生計卽官用火藥亦形支絀否則又恐匪徒恃

火器滋事不可不防應請

旨飭吉林將軍及打牲烏拉總管妥議章程或援舊案仍編硝𨔼硝戶以專責成或設官商鋪戶以便考覈總期於官私無礙下所司議行尋回京擢理藩院尚書兼鑲紅旗漢軍都統幫辦河南軍務以粤逆竄入直隸追剿遷延逮問科爾沁郡王僧格林沁疏請留營效力

允之明年卒於軍

景綸姓兆佳氏隸漢軍正黄旗道光二十七年由印務章京累遷察哈爾副都統咸豐三年授吉林將軍

疏陳設局鑄錢及蔘務事宜並宜停辦如所議行明年部議夾信溝涼水泉開荒於二年後升科以裕經費疏言生荒全恃人功物力逐歲遞加舊章五年後起租蓋豫爲之計及如式起租尙有以功力不齊難於輸納者且此次開荒先取押租錢較前已覺刻苦若復迫之起租是農事未完賦期猝至即不半途而廢亦必困於催科惟仍俟五年後起租庶辦理不致掣肘

從之八年

命往喀爾喀查辦巴爾虎喀爾喀爭控地界其後巴爾虎復

渝約疏言巴爾虎西界接壤之區應案雍正十二年
舊圖由鄂爾板西巴爾臺西北安設漠敦哈沙圖阿
魯布拉克二處卡倫方符舊章如必於有泉有井之
地挪移卡倫不惟事隔百數十年難以爲據而轉啟
喀爾喀爭執之漸請

飭黑龍江將軍查明奏辦並繪圖貼說以進十年疏言吉林
地處邊隅戶鮮殷實官兵惟資俸餉黎庶惟賴耕作
數年來以俄國越界各處籌辦海防所需甚鉅官民
困苦實屬難支請將圍場外荒地一律開墾照夾信
溝章程升科俾資供應餘則悉數解京明年倉場侍

郎成琦至興凱湖辦理中外分界事因
命察墾地徵租情形成琦疏原奏墾荒在圍場外圍場初無牆垣僅以卡倫封堆爲界且詢附近居民有俟新荒開齊將卡倫封堆向內挪移之語
詔該將軍查覆疏言圍場北面東西封堆近依民田故設堆時截其參差不齊以明限制又伊巴丹等七處圍場樹木早已無存久徒滋弊擬裁撤招墾則封堆宜徑直挪設因繪圖貼說以進如所議行同治元年邊外土匪擾莫胡屯竄越松花江至呼蘭城及阿勒楚喀遣兵剿平之明年朝陽礦匪於三姓黑背山糾眾起

事遣兵及鄉團練勇擊敗之分路邀截殲匪千餘其
渠葛程龍逸去遣副都統喀通阿等由興凱湖西南
越俄界追及於雷風河斬之夏俄酋背約強搶罪犯
並欲入三姓城交易疏

聞

詔俄人恃强要挾得步進步是其慣技已令總理各國事務
衙門諭其住京公使轉行固畢爾那託爾將罪犯崔福得
送交仍止其駕船駛赴三姓惟俄人詭詐難保不陽奉陰
違可斟酌防範如有俄船由黑河口向松花江即所在攔
阻毋令任意駛行逸犯崔福得可知會富呢揚阿移文催

索三年鄂摩和蘇羅據匪由山徑出竄奉天所屬圍場界
遣兵擊潰之疏陳圍場界兩省西至奉天
興京東連羣山至鄂摩和蘇羅及甯古塔綿亙千餘里
其中山深林密最爲逋逃淵藪盜賊一經竄入官兵
路徑不熟步騎皆無所施見派阿勒楚喀副都統德
英選帶兵勇設法搜捕報
聞尋疏俄官石沙木勒幅等乘輪船向松花江上駛聲稱欲
由三姓至吉林商辦要事派員迎阻堅不允從並於
沿途繪畫山川形勢疏入旋陳俄酋駛抵吉林欲面
見將軍商辦要事派佐領那斯洪諭該酋與常明明

祿等會議該酋以將軍不與接見與約不符回船東

去

詔吉林三姓本非通商地方俄酋違約越界其曲在彼該酋

欲面見將軍雖不宜自往恐乖體制何妨傳其來見責以

違約越界折其虛憍之氣且可詢來議云何以憑辦理討

不出此反令該酋得所藉口且任令繪畫山川形勢來去

自由究竟因何而至仍茫然不知豈不令外國人輕視邊

臣益無顧忌耶該將軍身任地方既不能阻其不來又不

敢傳見該酋據理斥之殊不知所辦何事末幾給事中劉

毓楠以縱令協領常明等擅權納賄表裏爲奸劾罷

之光緒元年卒

阜保姓甯古塔氏隸滿洲鑲黃旗道光二十五年進

士改翰林院庶吉士二十七年散館授編修同治三

年累擢兵部右侍郎兼署工部右侍郎充

册封朝鮮國王正使時吉林盜匪王五餘黨糾衆竄擾復西

至大孤山句結回匪楊發等肆掠

命署吉林將軍嚴飭所屬會同黑龍江奉天官兵合剿內閣

侍讀學士于淩辰疏稱吉林開闢日廣訟獄日繁請

專設理刑大員或如臺灣添設道員例加按察使銜

命察議疏言吉林地方苦瘠若設監司大員則衙署及僚屬

書差廉俸一切所需不貲日後公用仍無所出驟難
輕議吉林與熱河俱在關外壤地相接情事頗同應
照熱河設立刑司之例由刑部揀選正途出身漢郎
中或員外郎一員使之主稿添設主事一員使之幫
辦其理藩院郎中一缺本辦理蒙古事件其實蒙文
無多擬改派刑部漢郎中一員使之掌印即原設協
佐領仍留一員使之幫印即遇蒙文事件亦足辦理
辦事衙署仍在刑司統歸將軍管轄三年期滿無過
由將軍出具考語備文送部引
見

從之明年疏陳吉林賭風甚熾利重法輕罔知儆畏爲奸宄
之藪實盜賊之源請
敕刑部分别覆議酌量變通俾各知警下所司議行又疏盜
匪之竄奉天鐵嶺開原者復由大孤山東南圍場出
竄擾及吉林放牛溝該處爲兩省毗連之區此拏彼
竄最易藏奸請增兵進剿得
旨迅飭所添派佐領那斯洪等覘賊所向實力兜擒五年回
京光緒四年懸遷刑部尚書正紅旗蒙古都統以疾
乞休
許之八年卒

賜祭葬

富明阿姓袁氏黑龍江駐防隸漢軍正白旗或曰明

故督師袁崇煥裔也道光七年從征回疆有功二十

五年洊任佐領咸豐二年從征河南轉戰江蘇安徽

以功數被

優賚

賞戴花翎

賜號齊車博巴圖魯累擢甯古塔副都統江甯將軍和春繼

德興阿節制江北諸軍

命幫辦軍務戰六合創重

詔回旗調理食全俸同治元年起署正紅旗漢軍都統卽眞
管理神機營事務尋
命赴揚州幫辦江甯將軍都興阿軍務明年授荆州將軍苗
沛霖叛圍蒙城科爾沁親王僧格林沁往援
命幫辦軍務既至沛霖昏夜越濠謀竄爲王萬清斫斃圍解
或曰初粵逆僞英王陳玉成號四眼狗者敗投沛霖
沛霖誘而獻之降其黨是夜從二人巡濠故所降者
也因斬沛霖首獻於萬清萬清誅二人自功其後江
甯會城克僞忠王李秀成逸走湻化鎭乞食於老媪
既食伸臂脫金釧以酬媪疑之語鎭民焦贊其人戇

而黝僚輩因其姓以戲劇中焦贊名之於是從數少
年循馬跡往追顛而獲焉以獻會城與蕭孚泗軍遇
孚泗賚焦贊以秀成自功得封爵而萬清時亦得黄
馬褂云富明阿旋兼署江甯將軍三年曾國荃克江
甯亦以蒙城及接辦防務功授騎都尉世職調江甯
將軍兼署漕運總督以創發乞休
命食將軍全俸病愈來京五年
詔吉林需兵孔亟非簡諳練軍務大員督勦何以克靖邊氛
富明阿可統兵即赴吉林會同保山妥籌勦賊尋授吉林
將軍時馬賊姜樂道由勒克山西竄而李半瘋等據

平甸子等處令營總烏里布率兵往剿半瘋竄過江東因與富爾蓀等會擊於闞家大橋葦子溝槐樹溝連戰皆捷獲半瘋誅之西路則自督師由八驛沿邊以進賊自黑爾蘇蛟河等處竄出令春壽率兵逆擊殪賊數百餘走奉天界令躡之而自督師入山搜剿擒斬甚衆餘益竄匿深山疏陳其概

詔認眞搜捕以清餘孽山內挖金流民妥籌安置毋貽後患尋捐置鳥槍二百桿備黑龍江操兵防堵及捐銀修築吉林城冬遣擊竄賊於朱克特奇河等處敗之賊走黑龍江界九年以病兼戰創復發連疏乞休

詔允之仍食將軍全俸光緒八年卒
賜祭葬如故事
穆圖善姓那哈塔氏黑龍江駐防隸滿洲鑲黄旗咸豐三年以委參領從征河南轉戰直隸山東湖北安徽諸行省所在有功而戰安徽太湖潛山挂車河及桐廬功尤最累擢協領以副都統記名
賜號西林巴圖魯
賞戴花翎同治元年荆州將軍多隆阿督辦陝西軍務隨以行以功加都統銜三年多隆阿攻盩厔卒
命署欽差大臣擢荆州將軍督辦甘肅軍務六年署陝甘總

督十三年八

覲予雲騎尉世職光緒元年吉林馬賊由松花江竄巴彦
蘇蘇焚毁衙署東走呼蘭復誘挖金開荒等匪出山
肆刧調署吉林將軍呼蘭賊竄黑山由三姓走甯古
塔之樺樹林官軍先後殄之而東山金匪聚十餘萬
烏斯渾卡倫外又聚馬賊數百謀掠阿勒楚喀尋以
派軍堵勦無所得食其黨漸散疏言吉林風氣偷弱
近來馬賊及徒步之棒子手横行村落雖數百戸之
屯市亦聞而畏避任其飽掠兵至則遠颺入山而山
中金匪十餘萬三姓長春廳亡命博徒久住城市與

金匪暗通聲氣時欲竊發三姓甯古塔琿春邊外延袤千百里外患交乘通籌全局非練馬步隊萬二千不敷守禦計通省制兵七千七百餘以二千豫備供差外擬挑選西丹練馬隊七千步隊五千分駐操防三姓甯古塔馬步隊各一千由三姓甯古塔至省城以阿勒楚喀爲適中總路亦撥兵扼紮餘駐省城及各邊隘隨時調派稽查荒佃捕拏金匪冬春圍獵訓練操演不數年即成勁旅實防邊要策戶部以餉需無措議寢明年坐濫保永不敘用道員留吉差委罷尋起之五年歷調福州將軍十年法夷內犯

命大學士左宗棠爲欽差大臣穆圖善與漕運總督楊昌濬幫辦軍務以長門爲入閩門戶親駐防守會各國重修條約法夷於北洋議款不成折而南潛駛兵船入泊馬尾擊我兵船及船廠毀之我揚武兵船礮殪其酋孤拔夷船外駛扼之於長門而夷接濟兵船益自外至礮沉其一相持四晝夜夷亟謀外竄列其船於長門對峙之金牌擊毀我礮臺二守兵潰獨所部屹然夷登岸來戰伏兵敗之獲其划船一礮二毀其舢板船二礮沉烏波船一餘船遁去明年

命爲欽差大臣會同東三省將軍辦理練兵事宜十三年

卒晉贈世職騎都尉
賜祭葬謚曰果勇以上將軍
富僧阿姓舒穆祿氏隸滿洲正黃旗乾隆十年由藍
翎侍衛累擢頭等侍衛授三姓副都統十八年罷二
十三年由成都副都統再調三姓副都統明年調寗
古塔副都統疏陳事宜一吉林寗古塔等處放票收
蔘文移所關甚要請各按地方鑄給關防一寗古塔
等處官學教習須清文習熟之員嚮由官學生內挑
補如一時不得其人即於馬甲內通融選補三年期
滿教課有方報部以筆帖式補用其馬甲開缺另挑

一三姓地方緝捕罰於發遣人犯內派充此等皆不
安分之徒轉恐騷擾滋事請另設番役十名並派員
專管遇有失察將該員照例議處如所請行二十八
年擢荆州將軍尋調黑龍江將軍三十年疏陳分遣
各官往探興安山及有無俄羅斯人偷越自黑龍江
至格爾畢齊河口水程千六百九十七里自河口行
陸路二百四十七里至興安山其閒並無人煙蹤迹
又自黑龍江入精奇里江北行至託克河口水程千
五百八十七里自河口行陸路二百四十里至興安
山其地苦寒無水草禽獸又自黑龍江經精奇里江

入西里木第河口復過英肯河水程千三百五里自
英肯河口行陸路百八十里至興安山地亦苦寒無
水草禽獸又自黑龍江入鈕曼河復經西里木第河
入烏默勒河口水程千六百十五里自河口行陸路
四百五十六里至興安山各處俱無俄羅斯偷越我
呼倫貝爾與俄羅斯接壤之額爾古訥河西岸係俄
羅斯東岸俱我國地界處處設有卡座直至珠爾特
地方今復自珠爾特至莫哩勒克河口添設二卡於
索博爾罕添立鄂博逐日巡查俄羅斯鼐瑪爾斷難
偷越其黑龍江與俄羅斯接壤處有興安山延亘至

海亦斷難乘馬偷越第自康熙二十九年與俄羅斯定界查勘各河源後從未往查嗣後請飭打牲總管每年派章京驍騎校兵丁六月由水路與捕貂人同至託克英肯兩河口及鄂勒希西里木第兩河間徧查回報總管轉報將軍三年派副總管佐領驍騎校於冰解後由水路至河源興安山巡查一次回時呈報而黑龍江官兵每年巡查格爾畢齊河口三年亦至河源興安山巡查一次年終報部

詔允行三十三年調西安將軍四十年卒官

賜祭葬如故事

愛隆阿姓覺爾察氏隸滿洲正黃旗乾隆二十年以本旗護軍參領擢齊齊哈爾副都統尋調伯都訥副都統明年授領隊大臣赴巴里坤軍所部吉林及索倫兵戰尤力

高宗御製回纛詩有是時實賴愛隆阿率千騎至皆奇男橫衝截入亂回陳斬將獲醜如囊探二十五年凱旋授正白旗護軍統領兼鑲白旗蒙古副都統明年圖形紫光閣

御製贊曰將門傑種拍張撫髀受將軍檄力戰全歸整師再進鼓勇陷堅弟巴靈阿盡節軀捐二十七年諭平定準噶

爾回部功授一等輕車都尉世職兼一雲騎尉明年
授伊犂參贊大臣三十年卒
增海隸正藍旗宗室也乾隆二十二年由侍衛班領
授吉林副都統兼署伯都訥副都統二十五年疏稱
伯都訥副都統衙門額設漢字筆帖式二員請以一
員辦理清字事件一員改爲本處拜唐阿補放之缺
於通曉滿洲蒙古字能翻譯者挑取專辦蒙古事件
如所請行二十七年疏陳獲私行買賣人蔘王士學
等八人照例治罪將人蔘及銀一併入官得
旨查出銀兩數在百兩內者不必入官分賞原拏之人如在

百兩外作爲三分二分入官一分分賞著爲例明年調甯古塔副都統疏請添設監獄從之三十三年擢廣州將軍明年調福州冬調署伊犁將軍授理藩院尚書三十五年調黑龍江將軍疏請停止墨爾根驛站額設牛隻每年報倒六分之例准其三分報銷又疏言呼蘭運糧船隻自佐領兼管以來並無貽誤請將管理墨爾根戰船四品官一員裁撤於墨爾根協領内揀選一員並如所議行三十七年調盛京將軍明年卒官詔以歷練老成屢膺統轄重寄辦事實心甚惜之贈太子太

保

賜祭葬謚勤果子德清阿官阿勒楚喀副都統

伊鏗額隸鑲藍旗宗室和碩簡親王豐訥亨子乾隆

四十九年由鎮國將軍授二等侍衞嘉慶七年累擢

伯都訥副都統調墨爾根城副都統十二年仍調伯

都訥副都統明年調吉林副都統疏言甯古塔有山

西民劉源與直隸民陳萬倉爭奪糧石被傷致死情

節支離請將原驗之防禦倭克吉訥承審之佐領依

成額褫職防禦德西和勒歸案質訊讞定治罪如律

十四年

命以副都統銜充葉爾羌辦事大臣尋授喀什噶爾參贊大
臣明年以吉林私種蔘苗該管官於解到商買餘蔘
多係秧蔘
遣官查辦究出伊鏗額前任副都統侵用銀千餘兩坐褫十
八年起充伊犂領隊大臣尋
召回京二十四年充阿克蘇辦事大臣卒
常德姓索欒烏札氏黑龍江人隸滿洲正紅旗乾隆
五十七年廓爾喀擾後藏從征有功嘉慶二年從征
三省教匪九年以功累授佐領
賞戴花翎

賜號廓爾察巴圖魯十八年再遷總管道光三年
命以本職在乾清門行走十三年授伯都訥副都統調三姓
　副都統十八年乞休
允之尋
詔食全俸以養餘年十九年卒年七十有五以上副都統
李金鏞字秋亭江蘇無錫縣人故賈也有捭闔才用
事例及保舉累官知府需次於直隸光緒六年吉林
有意於治疏設有司官將軍銘安咨調道員以下於
直隸以碌碌無所見請行明年授檄往琿春度荒地
四十餘區招徠墾種有爭訟則平之蘇城溝者在琿

春東咸豐時以歸俄羅斯所在數千戸皆華民也以
彼征斂苛積與迕俄威以兵金鏞召遷界内撥田與
之民賴以全使者奉
詔來定界議謂昔年分界初未照約劃綫而罕奇毛闊崴
等鹽場海口我所必不可讓者皆列於綫外中俄條
約故以海中之嶺爲界嶺東屬俄嶺西屬中國宜據
與争使者度俄必不從則姑索黑頂子黑頂子背海
面山去琿春六十里周以俄境中一綫達琿春不足
索也則姑佐使者索之俄亦以非要地歸焉顧俄頗
敬服金鏞與書特署曰李知府自外姓名之而已八

年署吉林府攤丁於地民田病潦出俸溝洫之明年
移署長春府金鏞故坦易不事威儀所至視民如家
人與言孝弟力田操南音恐民不喻反覆不自休民
以是益親愛之出俸倡建養正書院購書數千卷庋
資學者且厚其廩餼又建同善堂一時有李高兩青
天之目高謂奉天昌圖府知府高同善也壤與長春
接而金鏞請免丈量夾荒事民尤悲思至今初長春
故蒙古地
朝廷借居流民民墾荒者具押租錢至郭爾羅斯納蒙
古公領地歲仍納租錢久之墾踰所領故曰夾荒於

是丈量議起民復醵錢以賄相與立永不丈量碑矣

既又言理藩院代請丈量

朝旨如所請金鏞爭之將軍且掮碑以獻曰丈量公有所得某有所得他亦各有所得不丈量則皆無所得也將軍笑曰得幾何曰若而數又笑曰君休矣時銘安已罷將軍蓋希元也未幾希元去金鏞亦去十二年擢道員開金礦黑龍江之漠河旋卒北洋大臣李

鴻章具其事以

聞

詔贈內閣學士廕一子知縣於原籍建祠且

命國史館立傳傳吉林循吏莫或先矣惡得以所從出少之劉貴者不知何許人蘇家溝民義之推爲長俄令短髮如其制倡言俄夷也吾儕中國民而變於夷不可俄怒掩誅之跳免誅其孥殆盡於是蘇家溝民遷於界內貴依金鏞以終論者以貴非徒義長其曹焉且忠於

國

楊同桂字伯馨順天通州人性警敏於學多所涉有當世才用國學生再應京兆試報罷援例官同知會東三省有練兵大臣之設奉天吉林黑龍江總統各

一大臣以年番閲必躬至穆圖善猶如制奏同桂隸行營歷充幫辦奉天支應局總理發審營務總辦兼署翼長出閲必以從於是東陲扼塞慮無不目營而心識之矣所治亦輒理以勞保補缺後知府用又援例加運同銜戴花翎爲吉林將軍長順所咨調尋奏留吉林歷充總理吉林邊務糧餉處發審局幫辦光緒十七年長順及分巡道訥欽以吉林

龍興地方志闕如議開局創修奏入

報可同桂適引

見返以充提調兼分纂志中沿革考及大事疆域所輯也

識者稱其精覈二十年長春以丈量病農事具李金鏞傳增稅商亦病故交關同桂承檄署知府事際瘡痍之後人心皇皇日輕騎從數役走郊野躬與撫循歸則坐堂皇清積訟所下條教及一切官文書皆手治下筆立就曲中事理同桂身不踰中人貌白皙視之文弱書生耳機牙四應如此數月頌聲盈途次年代去二十二年長順舉人才與知府謝汝欽並聞於

朝

詔送部引

見未行檄署知吉林府事以疾卒始伯都訥于氏爲鄉人

所許長順以
聞
遣使來讞或奏長春事不盡如長順所陳
遣齊齊哈爾副都統增祺來勘而琿春副都統恩澤幫辦
邊務與長順時有齟齬及署將軍事多反所爲且因
言者劾所素疾同桂既嘗總理邊務糧餉而伯都訥
長春二獄並周旋其間獄卒弭而亦不見疾於恩澤
人以是服其才他所著
盛京疆域考及瀋故若而卷又南北史地理補志未成

# 吉林通志卷七十二

## 人物志一 唐 遼

李謹行　李多祚
大門藝 唐 以上　黃翩 遼

李謹行靺鞨人父突地稽新唐書靺鞨之長也大業中與兄瞞咄冊府元龜率其屬千餘內附新唐書處之營州瞞咄卒代總其衆冊府元龜拜右光祿大夫隋書遼西太守新唐書封扶餘侯冊府元龜與邊人往來悅中國風俗請被冠帶帝嘉之賜以錦綺而褒寵之及遼東之役率其徒以從每有戰功賞賜優厚十三年從帝幸江都隋書屬

宇文化及之亂仍歸柳城（册府元龜）在途遇李密之亂密遣兵邀之前後十餘戰僅而得免至高陽復沒於王須拔未幾遁歸羅藝（隋書）劉黑闥叛（新唐書）突地稽率所部赴定州（舊唐書）上書秦王請節度以戰功封耆國公（新唐書）又徙其部落於幽州之昌平城（舊唐書）高開道以突厥兵攻幽州突地稽邀擊敗之貞觀初進右衛將軍賜氏李卒謹行偉容貌（新唐書）武力絕人麟德中累遷營州都督（舊唐書）家童至數千以貲自雄夷人畏之（新唐書）累拜爲領軍大將軍爲積石道經略大使吐蕃論欽陵等衆十萬寇湟中（新唐書）謹行兵士採樵素不

設備舊唐書閒虜至卽植旗伐鼓開門以伺新唐書吐蕃疑有伏兵竟不敢進上元三年又破吐蕃數萬於青海舊唐書璽書勞勉新唐書累授右衞大將軍封燕國公永淳元年卒舊唐書贈幽州都督陪葬乾陵新唐書

李多祚代爲靺鞨酋長舊唐書號黃頭都督後入中國至多祚驍勇善射新唐書意氣感激少以軍功舊唐書累遷右鷹揚大將軍討黑水靺鞨誘其渠長置酒高會因醉斬之擊破其衆室韋及孫萬榮之叛多祚以諸將進討以勞改新唐書右羽林軍大將軍前後掌禁兵北門宿衞二十餘年神龍初張柬之將誅張易之兄

弟舊唐書以多祚素感慨可動以義乃從容謂曰新唐書將軍在北門幾年曰三十年矣舊唐書將軍擊鐘鼎食貴重當代非大帝恩乎多祚泣數行下曰死且不忘柬之曰新唐書將軍既感大帝殊澤能有報乎舊唐書今在東宮乃大帝之子而孽豎擅朝危偪宗社國家廢興在將軍新唐書將軍誠能報恩正屬今日多祚曰舊唐書苟援王室惟公所使續通志終不顧妻子性命因卽引天地神祇爲要誓詞氣感動義形於色舊唐書柬之遂定謀以敬暉李湛爲右羽林將軍命總禁兵多祚王同皎請太子至元武門斬關入及長生殿白武后

曰諸將誅逆臣易之昌宗恐漏大謀不敢預奏頓首請歸死后病卧顧湛曰我於爾父子不薄亦豫是耶中宗復位封多祚新唐書遼陽郡王食實封八百户按續通志作五百户蓋因湛封致悮仍拜其子承訓爲衞尉少卿舊唐書帝祠太廟特詔多祚與相王登輿夾侍監察御史王覿謂多祚夷人雖有功不宜共輿輦帝曰朕推以心腹卿勿復言崔元暐等得罪多祚畏禍及故陽厚韋氏新唐書節愍太子之殺武三思也多祚與羽林大將軍李千里等率兵以從太子命多祚先至元武樓下舊唐書具言所以誅三思狀案兵不戰新唐書時有宮闈令

楊思勗於樓上侍帝舊唐書卽挺刀斬其壻羽林中郎將野呼利兵因沮潰多祚爲其下所殺二子亦見害籍沒其家新唐書睿宗卽位下制曰以忠報國典册所稱感義捐軀名節斯在故右羽林大將軍上柱國遼陽郡王李多祚三韓貴種百戰餘雄席寵禁營迺心王室仗茲誠信翻陷誅夷賴彼神明重清姧慝永言徽烈深合襃崇宜追沒後之榮以復生前之命可還舊官仍宥其妻子舊唐書

大門藝渤海王大武藝母弟也開元十四年本舊唐書黑水靺鞨遣使來朝舊唐書帝以其地建黑水州置長史

臨總武藝召其下謀曰黑水始假道於我與唐通異
時請吐屯於突厥皆先告我新唐書今不計會即請漢
官必是與唐家通謀腹背攻我也舊唐書乃遣弟門藝
及舅任雅相按舊唐書及文獻通考皆作任雅發兵擊黑水新唐書門
藝曾充質子至京師開元初還國舊唐書謂武藝曰黑
水請吏而我擊之是背唐也唐大國兵萬倍我與之
產怨我且亡新唐書昔高麗全盛時强兵三十餘萬舊唐
書抗唐為敵可謂雄彊新唐書唐兵一臨掃地俱盡舊唐
書今我眾比高麗三之一王將違之不可武藝不從
新唐書門藝兵至境又上書固諫舊唐書武藝怒遣從兄

壹夏代將召門藝將殺之門藝懼儳路新唐書遂棄其
眾間道來奔舊唐書詔拜左驍衛將軍新唐書武藝上表
極言門藝罪狀請殺之舊唐書有詔處之安西好報曰
門藝窮來歸我誼不可殺新唐書今流向嶺南舊唐書已
投之惡死地文獻通考乃留其使馬文軌葱勿雅舊唐書不
遣別詔鴻臚少卿李道邃源復諭旨新唐書俄有洩其
事者武藝又上書云大國示人以信豈有欺妄之理
今聞門藝不向嶺南請依前殺卻舊唐書帝怒道邃復
漏言國事皆左除而陽斥門藝以報後十年舊書作二十年
武藝遣大將張文休率海賊攻登州新唐書詔門藝往

幽州發兵以討之舊唐書　使太僕卿金思蘭使按通考作金
新羅督兵攻其南會大寒雪袤丈士凍死過半無功
而還新唐書　武藝懷怨不已密遣使至東都假刺客刺
門藝於天津橋南舊唐書　門藝格之得不死河南捕刺
客悉殺之新唐書
黃翩黃龍府人黃龍府黃翩者知之以本紀十七延琳召　太平六年爲兵
馬都部署與副逵庫濟都監霍賓引軍城混同江蘇
默水之閒又引軍入女直界徇地俘獲人馬牛豕不
可勝計降戶二百七十詔獎諭之九年大延琳叛遣
使召之翩至行在告變據本紀

吉林通志卷七十三

人物志二金一

伯赫　和諾克　薩克達烏春

温都布拉　拉必瑪察

通恩　垿克

阿蘇　錫馨

準塔等

伯赫原作跋黑昭祖次室達呼默原作胡末達烏蘇展原作薩扎部人生金史烏古出傳及同母弟二人金史伯赫本傳伯勒赫里原作僕黑斡里雅原作斡里安威順皇后傳自幼時每相爭攘飲食昭祖見

而惡之曰吾娶此妾而生子如此後必爲子孫之患世祖初立伯赫果有異志誘和諾克（原作桓赧）薩克達（原作散達）烏春烏木罕（原作窩謀罕）離間部屬使貳於世祖世祖加意事之使爲貝勒而不使典兵伯赫既與和諾克烏春謀計國人皆知之而童謠有欲生則附於伯赫欲死則附於和哩布（原作勃里鉢）頗拉淑（原作頗刺淑）之語（伯赫本傳）世祖聞之疑焉無以察之乃佯爲具裝欲有所往者陰遣人揚言曰寇至矣部衆聞者莫知虛實有保於伯赫之室者有保於世祖之室者世祖乃盡得兄弟部屬向背彼此之情矣（本紀）未幾烏春和諾克相次

以兵來攻世祖外禦强兵內畏伯赫之變將行聞伯赫食於其愛妾之父家肉脹咽而死伯赫本傳適烏春遇雨歸故世祖得並力於和諾克薩克達一戰敗之烏春傳

和諾克薩克達兄弟者國相雅達之子也居完顏部伊敦邑原作屯村雅達稱國相不知其所從來景祖嘗以幣與馬求國相於雅達許之景祖得之以命肅宗後薩哈原作撒改亦居是官焉和諾克薩克達嘗事景祖世祖金史和諾克本傳亦與伯赫相結本紀由是頗貳於世祖烏春昭肅皇后往伊敦村世祖肅宗皆從行和諾克本傳

會和諾克薩克達偕來是時已有隙被酒語相侵舉

刃相向后起兩執其手謂和諾克薩克達曰汝等皆吾夫時舊人奈何一旦遽忘吾夫之恩而與小兒子輩忿爭乎因自作歌（本紀）解之乃止自是謀益甚是時烏春詭以鄂伯台賣甲爲兵端世祖不得已（和諾克本傳）還其甲（本紀）而與之和閒數年烏春以其衆涉和掄（原作活論）拉林二水世祖親往拒之和諾克薩克達並起兵（和諾克本傳）當是時烏春兵在北和諾克兵在南其勢甚盛（本紀）肅宗以偏師拒和諾克薩克達世祖畏其合勢也戒之曰可和則和否則戰至烏嚕斯哈珠（原作斡魯紺出）水旣陳成列肅宗遣富德（原作盆德）貝勒議和和諾克亦

恃烏春之在北也無和意富德報肅宗曰敵欲戰或曰戰地迫近村墟雖勝不能盡敵宜退軍誘之寬地肅宗感之令軍少却未成列和諾克薩克達乘之肅宗敗焉和諾克乘勝鈔略是役也（本傳）十月已半大雨累晝夜冰澌覆地烏春不能進乃悔曰此天也引兵去（本紀）世祖聞肅宗敗自將經舍琿（原作舍很）特克兩水取和諾克薩克達之家和諾克薩克達不知也（本傳）明日大霧晦冥失道至摩多圖（原作婆多吐）水乃覺即還至舍琿特克之間升高阜望見六騎來大呼馳擊之世祖射一人斃生獲五人問之則布呼（原作布灰）薩克蘇（原作撒骨

出使助和諾克薩克達者也世祖至和諾克薩克達所居焚其家殺百許人舊將主保亦死之比世祖還本紀未至軍本傳肅宗兵又敗本紀世祖至責讓肅宗失利之狀使罕都原作歡都伊克以本部七穆昆助之復請和本傳和諾克薩克達曰以爾英格原作盈歌之大赤馬希卜蘇原作習不失本作辭不失之紫騮馬與我則和二馬皆女直名馬不許本紀遂與博都哩原作不术魯部布呼富察部薩克蘇及混同江左右布克坦原作匹古敦水諸部兵皆會厚集爲陳鳴鼓作氣馳騁和諾克特其衆有必勝之心下令曰今天門開矣以爾車自隨凡烏古鼐原作烏古迺

三

夫婦寶貨財產悉爾取之有不從者俘略之而去於是摩多圖原作波多吐水費摩部鄂摶原作斡不貝勒附於世祖和諾克等縱火焚之鄂博死世祖厚撫其家既定和諾克乃以舊地還之和諾克軍復來本傳富察部沙津原作沙秖貝勒呼卜圖原作胡補答貝勒使愛實原作阿喜來告難本紀且問曰寇將至何以待之本傳世祖使之詭從以自全曰戰則以旗鼓自別本紀每有兵至則輒遣愛實穿林潛來令與拜察往還大道即故潛行林中路也和諾克至北隘甸世祖將出兵本傳往禦乃遣肅宗求援於遼本紀世祖沿按春水原作安出虎行本傳使希卜蘇取

海古勒原作海姑兄弟兵則海古勒兄弟已貳於和諾克矣本紀欲併取海古勒珠勒蘇原作海故朮烈速貝勒之眾而後戰本傳偵者報曰敵已至本紀將戰世祖戒希卜蘇曰汝先設陳於托果原作脫鎔改原待吾三揚旗三鳴鼓卽棄旗決戰死生惟在今日使費摩呼實原作裴滿胡喜牽大紫騮馬以爲貳馬疾馳至陣時和諾克薩克達軍盛强世祖軍吏未戰而懼皆植立無人色世祖揚揚如平常亦無責讓之言但令士卒解甲少憩以水決面調麨水飲之有頃訓勵之軍勢復振本紀是時肅宗求救於遼不在軍中世祖屏人獨與穆宗私語本傳曰今

日之事若勝則已萬一有不勝吾必無生汝今介馬遙觀勿預戰事若我死汝無收吾骨勿顧戀親戚亟馳馬告知汝兄頗拉淑於遼繫籍受印乞師以報此讐語畢袒袖不被甲以縕袍垂襴護前後心韔弓提劍三揚旗三鳴鼓棄旗搏戰身爲軍鋒突入敵陳衆從之本紀和諾克步軍以干盾進世祖之衆以長槍擊之步軍大敗希卜蘇從後奮擊之和諾克之騎兵亦敗本傳希卜蘇所乘馬中九矢不能馳遂棄之陳中步趨而出馬亦隨歸論功居多宏簡錄希卜蘇傳　世祖乘勝逐北本傳自安巴彎原作阿不彎至於北隘甸死者如仆麻摩

多圖水爲之赤棄車甲馬牛軍實盡獲之世祖曰今日之捷非天不能及此亦可以知足矣雖縱之去敗軍之氣沒世不振乃引軍還本紀以戰勝告於天地頒所獲於將士各以功爲差本傳視其戰地馳突成大路闊三十隴手殺九人自相重積八人皆異之和諾克薩克達自此不復能聚各以其屬來降遼大安七年也

初和諾克兄弟之變博都哩部布呼富察部薩克蘇助之至是本紀布呼猶保撒阿辣村招之不出薩克蘇據烏嚕斯哈珠村世祖遣人與之議和薩克蘇謾言爲戲答之曰我本欲和壯士巴特瑪原作巴的懣不肯和

泣而謂我曰若果與和則美衣肥羊不可復得是以不敢從命遂縱兵俘略鄰近村墅有人從道旁射之中口死布呼之屬曰舒嚕舒嚕之母嫁於圖們部達爾歡原作達魯罕貝勒而爲之妾達爾歡與族兄弟茂賽音原作抹腮引貝勒俱事世祖世祖欲開舒嚕於布呼謂達爾歡曰汝之事我不如茂賽音之堅固也蓋謂舒嚕母子一彼焉一此焉以此撼舒嚕舒嚕聞之遂殺布呼而降始舒嚕通於布呼之妾常懼得罪及聞世祖言惑之使告於達爾歡曰將殺布呼而來汝待我於江伺布呼睡熟剚刃於胸而殺之追者急白日露

鼻匿水中逮夜至江方遊以濟達爾歡使人待之乃得免久之醉後而與達爾歡很爭達爾歡殺之金史和諾克本傳

烏春阿卜薩原作阿跋斯水温都部人以鍜鐵爲業因歲歉策杖負擔與其族屬來歸景祖與之處以本業自給旣而知其果敢善斷命爲本部長乃遣族人富德送歸舊部富德烏春之甥也世祖初嗣節度使叔父伯赫原作跋黑陰懷覬覦間誘和諾克薩克達及烏春烏本罕原作窩謀罕等金史本傳欲爲亂和諾克傳烏春以伯赫居肘腋爲變信之由是頗貳於世祖而虐用其部人部人

訴於世祖世祖使人讓之曰吾父信任汝以汝爲部
長令人告汝有實狀殺無罪人聽訟不平自今不得
復爾爲也烏春曰吾與汝父等舊人汝爲長能幾日
干汝何事世祖內畏伯赫恐羣朋爲變故曲意懷撫
而欲以婚姻結其歡心使與約姻烏春不欲笑曰狗
彘之子同處豈能生育呼爾哈與女直豈可爲親也
烏春欲發兵而世祖待之善無以爲端瓜爾佳部鄂
博台原作烏不屯亦鐵工也以被甲九十來售烏春聞之
使人來讓曰甲吾甲也拉林水以南布克坦水以北
皆吾土也何敢輒取吾甲其亟以歸我世祖曰彼以

甲來售吾與直而售之烏春曰汝不肯與吾甲而爲和解則使汝叔之子色克及色埒來色克蓋伯赫之子也世祖度其意非眞肯議和者將以有爲也不欲遣衆固請曰不遣則必用兵不得已遣之謂色埒曰色克無害彼且執汝矣半途辭疾勿往既行色埒曰我疾作將止不往色克曰吾亦不能獨往矣同行者强之使行既見烏春烏春與色克厚爲禮而果執色埒曰得甲則生否則殺汝世祖與之甲色埒乃得歸（本傳）色埒烏雅部達希布（原作達紀保）之子也（埒克傳）烏春自此益無所憚後數年烏春舉兵來戰道色辰（原作斜村）嶺

和掄拉林水舍於珠格部阿勒哈原作阿里矮村卓巴納原作滓不乃貝勒家本傳而以兵圍其弟雙寬原作勝昆於伯赫原作胡不村時十月巳半大雨畟晝夜冰斷覆地烏春不能進乃悔曰此天也引兵去本紀於是和諾克薩克達亦舉兵世祖自拒烏春而使肅宗拒和諾克烏春遇雨歸適叔父伯赫亦死故世祖得並力於和諾克薩克達一戰敗之本傳景祖時沃埒原作斡勒部人博諾原作丕乃來屬及是有他志本紀徙於納巴克坦原作南畢懇忒村本傳會其家失火本紀遂以縱火誣罕都原作歡都欲因此除去之世祖獲博諾釋其罪博諾終不自安徙居圖庫原作吐窟

村與烏春烏木罕結約烏春舉兵度嶺世祖駐軍溫
闢原作屋闢村待之本傳和諾克之戰部人賽堪原作賽罕死之
其弟和掄原作活羅陰懷忿怨一日忽以劍脊置肅宗項
上曰吾兄爲汝輩死矣剄汝以償則如之何久之因
其兄柩至遂怒而攻希卜蘇原作習不出希卜蘇走避之
攻肅宗於家矢著夾室之褚著於門扉復攻罕都罕
都衷甲拒於室中既不能入持其門旂而去往附博
諾博諾誘烏春兵度嶺世祖與遇於蘇蘇原作蘇素海甸
本紀兩皆陳將戰本傳世祖曰予昔有異夢今不得親戰
若左軍中有力戰者則大功成矣命肅宗及色埒默

原作斜列希卜蘇與之戰肅宗下馬名呼世祖復自呼其名而言曰若天助我當爲衆部長則今日之事神祇監之語畢再拜遂炷火束緼頃之大風自後起火益熾本紀時八月野草尚青火盡燎煙燄漲天烏春兵在下風肅宗自上風擊之烏春大敗本傳遂獲博諾因而獻之遼本紀而城蘇蘇海甸以據之本傳並獲和掄肅宗釋其罪左右任使之後竟得其力焉本紀赫舍哩拉必瑪察原作臘醅麻產與世祖戰於野鵲水世祖中四創軍敗拉必使吉遜原作舊賊圖罕原作禿罕等過青嶺見烏春賂諸部與之交結拉必瑪察求助於烏春烏春以古哩甸

兵百十七人助之世祖擒拉必獻於遼主並言烏春助兵之狀乃以不修鷹道罪之遼主使人至烏春問狀烏春懼乃爲譎言以告曰未嘗與拉必爲助也德里石（原作德鄰石）之北古哩甸所管不及此拉必既敗世祖盡得烏春古哩甸助兵一百十七人使其卒長烏新（原作斡善）烏爾圖（原作斡脫）往招其衆繼遣薩布（原作斜鉢）貝勒撫定之薩布不能撫（本傳）富察部古實巴克實等誘其衆入城陷三百餘人（罕都傳）世祖治鷹道還色埒默來告乃使罕都爲都統（本傳）往治薩布失軍之狀盡解薩布所將軍大破烏春烏木罕於實都（罕都傳）古實巴克

實皆就擒世祖自將過沃濟烏原作烏紀嶺至烏木罕原作窩謀罕村和掄瓜爾佳部雙寬貝勒烏雅部富哲固納原作郭赧請分一軍由所部伐烏春蓋所部與烏春近欲自蔽故也乃使色埒默雅爾盤原作躍盤以支軍道其所居世祖自將大軍與罕都合至阿卜薩水嶺東諸部皆會實圖美亦以所部兵來是時烏春前死烏木罕聞知世祖來伐訴於遼人乞與和解使者已至其家世祖使烏淩阿果多歡原作故德黑貝勒往受所遣亡者烏木罕以三百騎乘懈來攻世祖敗之遼使惡其無信不復爲主和乃進軍圍之本傳太祖年二十三被短甲

免冑不介馬行圍號令諸軍城中望而識之壯士托雲原作太峪乘駿馬持槍出城馳刺太祖太祖不及備舅氏和爾和原作活臘活馳出其間擊之雲槍折刺中其馬托雲僅以身免本紀色埒默至色辰水用固納計取先在烏春軍者二十二人烏春覺之殺二人餘二十人皆得之益以士軍來助烏木罕自知不敵乃遁去遂克其城盡以資產分賚軍中以功爲次諸部皆安輯焉本傳城始破議渠長生殺衆皆長跪遼使者在座忽一人佩長刀突前咫尺謂世祖曰勿殺我遼使及左右皆走匿世祖色不少動執其人之手語之曰吾不

殺汝也於是罰左右匿者曰汝等何敢失次耶罰既已乃徐使執突前者殺之其膽勇鎭物如此本紀穆宗他日錫赫特傳常嘉固納功後以色埒默之女守甯妻其子呼爾罕烏春之後爲温都氏裔孫曰布拉金史本傳

温都布拉原作温敦蒲剌始居長白山阿布織原作阿不辛河從隆州額勒敏河布拉初從希尹征伐攝明安穆昆事遇賊突出力擊敗之手殺二十餘人用是擢修武校尉天德初充護衞遷宿直將軍與衆護衞射遠皆莫能及海陵以玉鞍銜賞之往海蘭路選可充護衞者使還稱旨遷伊囉斡羣牧使改遼州刺史正隆伐宋

召爲武翼軍副都總管將兵二千至汝州南遇宋兵二萬餘邀擊敗之手殺將士十餘人是時嵩汝兩州百姓多逃去布拉招集使之復其業改莫州刺史徵爲太子左衛率府率再遷隴州防禦使歷鎮西呼爾哈顯德軍節度使致仕卒金史本傳

拉必原作臘醅瑪察原作麻產兄弟者哈勒琿原作活剌渾水赫林原作訶鄰鄉赫舍哩原作紇石烈部人兄弟七人素有聲名人推服之金史本傳及和諾克薩克達烏春烏木罕錫馨父子作難本紀降附諸部皆有離心埒克傳相繼爲變罕都傳拉必兄弟乘此際結屯原作陶溫水之民勢寖不可制其

同里中有避之者徙於必罕村野居女直中拉必懲將攻之乃約烏庫哩（原作烏古論）部薩喇（原作騷臘）貝勒富哲達蘭呼實默（原作胡什滿）貝勒和羅（原作海羅）貝勒温綽歡（本傳）與之相結（罕都傳）達蘭者貞惠皇后之弟也與拉必瑪察哈（罕都傳）貝勒和羅温綽歡間使人告野居女直野居女直有備拉必等敗歸乃由南路復襲野居女直勝之俘略甚眾和羅温綽歡呼實默畏拉必求援於世祖邑埒默以輕兵邀拉必等於特默圖（原作屯睦吐）村敗之盡得所俘拉必瑪察驅掠拉林水牧馬世祖至混同江與穆宗分軍世祖自圖古勒（原作妒古魯）津倍道

兼行馬多乏皆留之路旁從五六十騎遇拉必於野鵲水日已曛拉必兵衆世祖兵少本傳罕都入敵陳鏖擊之左右出入者數四罕都傳馬中創死者十數世祖突陳力戰中四創不能軍本傳乃止罕都傳穆宗自額圖琿原作庵吐渾津渡江遇敵於巴喇密特原作蒲蘆買水敵問爲誰應曰罕都問者射穆宗矢著於弓箙是歲拉必瑪察使其徒吉遜原作舊賊圖罕原作禿罕及托迪原作施朵剽取拉布原作戶會不欒牧馬四百及富哲尼堪之馬合七百餘匹過青嶺東與烏春烏木罕交結世祖自將伐之拉必等僞降還軍拉必復求於烏春烏木罕烏木罕

以古哩甸兵百有十七人助之據穆棱（原作暮棱）水保固守險錫馨子頗克綽歡往從之世祖率兵圍之克其軍瑪察遯去遂擒拉必及頗克綽歡獻之遼盡獲其兵使其卒長烏新（原作斡善）烏爾圖（原作斡脫）招其衆俾薩布撫定之復使鄂蘭哈瑪爾察穆棱水人情募兵與薩布合（本傳）大安八年（本紀）肅宗襲節度使瑪察據哲克依（原作直屋鎧）水繕完營堡誘納亡命杜絕往來者恃屯水民爲之助招之不聽乃使康宗伐之是歲白山混同江大溢水與岸齊康宗自阿林岡乘舟至於刷水（原作帥水）舍舟沿刷水而進（本傳）太祖以別軍取瑪察家屬錡

釜無遺本紀康宗圍瑪察急太祖來會軍於是瑪察先亡在外其人乘夜突圍遯去太祖曰瑪察之家蕩盡矣走將安歸追之瑪察不知太祖急求已也與三騎來伺軍其一人墜馬下太祖識之問狀其人曰我隨瑪察來伺軍彼走者二人瑪察在焉瑪察與其人分道走太祖命呼嚕古追東走者而自追西走者至哲克依水失瑪察不見急追之得遺甲在地迹而往前至大澤濇淖瑪察棄馬入萑葦太祖亦棄馬追及之與之挑戰烏庫哩壯士和爾和乘馬來問曰此何人也太祖初不識瑪察佯應曰瑪察也和爾和曰今已

追及此人也遂下馬援槍進戰瑪察連射和爾和和爾和中二矢不能戰有頃軍至圍之罕都射中瑪察首遂擒之無有識之者和爾和乃前扶其首而視之見其齒豁曰眞瑪察也瑪察張目曰公等事定矣遂殺之金史本傳獻馘於遼屯水民來附遼使太祖爲詳衮原作詳穩仍命穆宗希卜蘇罕都皆爲詳衮二年癸酉遣太祖以偏師伐尼瑪哈原作泥龐古部刷帥原作水穆哩罕離海原作抹村伯赫布爾噶原作播立開平之自是寇賊皆息基業自此大矣本紀

通恩原作鈍恩阿爾本特克新水赫舍哩原作紇石烈部人祖

曰和囉奇(原作劾魯石)父訥格納(原作納根涅)世爲其部貝勒
威準(原作斡准)部人伊喇(原作冶剌)貝勒海罕(原作海葛安)貝勒暴
其族人完塔哈(原作斡達罕)貝勒及諸弟烏埒赫(原作屋里黑)屋
烏都溫(原作屋徒們)抄略其家及抄略阿古爾(原作阿活里)貝
勒家侵及訥格納所部穆宗使訥格納以本部兵往
治伊喇等行至蘇伯(原作蘇濱)水輒募人爲兵主者拒之
輒抄略其人遂攻烏庫哩部達薩塔(原作敵庫德)入穆嚕
密斯罕(原作米里迷石罕)城(金史本傳)其人來告穆宗使烏色(原作
斡賽)及伊克往問狀(烏色傳)止蘇伯水西諾木歡(原作納木罕)
村訥格納止蘇伯水東烏滿村訥格納雖款伏而不

肯償所取烏色傳時甲戌歲十月也明年八月訥格納遯去本傳伊克等皆不欲追烏色督軍而進至巴固原作巴忽嶺西茂密原作毛密水及之大破其衆訥格納死焉烏色撫定蘇伯水部民執訥格納之母及其妻子而歸穆宗曰烏色年尙幼已能集事可嘉也烏色傳們圖琿原作謾都訶實圖美原作神徒們降穆嚕密斯罕城獲通恩達薩塔原作敵庫德釋弗殺本紀而使通恩復其所金史本傳埒克原作留可圖們本紀作統們琿春原作渾蠢水合流之地烏庫哩原作烏古論部人呼沙呼原作忽沙渾貝勒之子卓多原作詐都琿春水安春之子也本傳作安春之沙呼沙之子也依詳校本刪節間誘烏

遜烏塔（原作塢塔）兩部作亂（金史本傳）適與蘇伯（原作蘇濱）水烏庫哩達薩哈（原作敵庫德）並起兵穆宗三年丙子自將伐阿蘇（原作阿疎）薩哈（原作撒改）以偏師攻通恩（原作鈍恩）城拔之阿蘇初聞來伐乃自往訴於遼訥格納（原作納根涅）之子通恩亦亡去而與埒克卓多合於是兩黨作難（本紀）揚言曰圖克坦（原作徒單）部之黨十四部爲一烏庫哩之黨十四部爲一富察（原作蒲察）部之黨七部爲一凡三十五部完顏部十二而已以三十五部戰十二部三八戰一八也勝之必矣世祖降附諸部亦皆有離心當是時惟烏雅部色埒（原作斜勒）貝勒及圖們水温特赫（原作温迪痕）部

阿勒巴貝勒薩克蘇貝勒等皆使人來告難色埒達希布（原作達紀保）之子也先使其兄巴古拉（原作保骨臘）來旣而以其甲來歸阿勒巴等曰吾等必不從亂但乞兵爲援耳（本傳）八月穆宗使薩哈爲都統希卜蘇阿里罕（原作阿里合懣）威泰（原作斡帶）副之以伐埒克卓多烏塔等們圖琿（原作謾都訶）實圖美（原作神徒門）伐達薩塔薩哈與將佐議或欲先平邊地部落城堡或欲先取埒克城議不能決願得太祖至軍中穆宗使太祖往曰事必有可疑軍之未發者止有甲士七十盡以畀汝們圖琿在穆嚕密斯罕城下實圖美未到土人欲執們圖琿以與

敵使來告急遇太祖於實都甸太祖曰國兵盡在此矣使敵先得志於們圖琿後雖種誅之何益也乃分甲士四十與之通恩將援埒克乘們圖琿兵未集而攻之本紀而未知實圖美之來會也欲先擊們圖琿們圖琿實圖美迎擊大破通恩穆嚕窩斯罕城遂降獲通恩達薩塔皆釋弗誅太祖至薩哈軍明日遂攻破埒克城城中渠帥皆誅之取其孥累貲產而還本傳先是薩哈伐埒克威泰與希卜蘇阿里琿等俱爲禆將諸將議攻取威泰主攻城便太祖將至軍威泰迎之謂太祖曰埒克城且下勿惑他議太祖從之至軍中

衆議乃決威泰急起治攻具其夜進兵攻城遲明破之及額訥斯琿（原作涅囊虎）路恩楚（原作蠢出）路寇盜威泰盡平之（威泰傳）烏塔城亦撤守備而降均克先在遼烏塔已脫身在外由是皆未獲（本傳）太祖使普嘉努（原作蒲家奴）招卓多卓多既降（噶順傳）太祖釋之（本傳）於是撫甯諸部如舊時（本紀）久之均克烏塔皆來降（金史本傳）自是號令乃一民聽不疑自景祖以來兩世四主志業相因卒定離析一切治以本部法令東南至於伊勒呼海蘭扎蘭托卜古倫東北至於五國矩威圖塔金蓋盛於此（本紀）

阿蘇（原作阿疎）錫馨（原作星顯）水赫舍哩（原作石烈）紇部人父阿哈貝勒事景祖世祖世祖破烏春還阿哈率官屬士民迎謁於桑阿塔（原作雙宜大）濼獻黃金五斗世祖諭之曰烏春本微賤吾父撫育之使爲部長而忘大恩乃結怨於我遂成大亂自取滅亡吾與汝等三十部之人自今可以保安休息吾大數亦將終我死汝等當念我竭力以輔我子弟若亂心一萌則滅亡如烏春矣阿哈與衆跪而泣曰太師若有不諱衆人賴誰以生勿爲此言未幾世祖沒阿哈亦死阿蘇繼之阿蘇自其父時常以事來昭肅皇后甚憐愛之每至必留月

餘乃遣歸阿蘇旣爲貝勒嘗與圖克坦原作徒單部卓多原作詐都貝勒爭長肅宗治之乃長阿蘇穆宗嗣節度使聞阿蘇有異志召阿蘇賜以鞍馬深加撫諭陰察其意趣阿蘇歸謀益甚乃斥其事復召之阿蘇不來遂與同部穆都哩原作毛睹祿貝勒等起兵金史本傳穆宗三年丙子使太祖率師伐巴圖巴圖亡去追及殺之阿蘇穆都哩阻兵爲難本紀穆宗自瑪奇原作馬紀嶺出兵攻之薩塔原作撒改自和掄原作活羅嶺往略定珊沁原作僝蠢錫馨兩路攻下通恩原作鈍恩城穆宗略阿齊呼原作阿茶檜水益募軍至阿蘇城本傳日辰巳間忽暴雨昏曀雷電環阿蘇

所居是夕有巨火聲如雷墜阿蘇城中（五行志）識者以爲破亡之徵（本傳）阿蘇初聞來伐（本紀）與其弟達呼布（原作狄故保）往訴於遼遼人來止勿攻（本傳）穆宗陽受遼帝約束（輩魯傳）留和卓（原作劾者）貝勒守阿蘇城而歸金初亦有兩和卓其一薩哈子贈韓國公所謂肅宗納和卓妻瓜爾佳氏者是也（輩魯傳）其一守阿蘇城者（本傳）博囉孫（原作輩魯）呼實子（輩魯傳）後贈特進云（本傳）七年庚辰（本紀）和卓以兵守阿蘇者二年矣阿蘇在遼不敢歸穆都哩乃降（本傳）遼使使來罷兵未到穆宗使烏淩阿（原作烏林答）舒嚕（原作石魯）往佐和卓戒之曰遼使來罷兵但換我軍衣

服旗幟與阿蘇城中無辨勿令遼使知之因戒和卓曰遼使可以計卻勿聽其言遽罷兵也遼使果來罷兵穆宗使富察原作蒲察部呼嚕原作胡魯貝勒密遜原作邈遜貝勒與俱至阿蘇城和卓見遼使詭謂呼嚕密遜曰我部族自相攻擊干汝等何事誰識汝之太師乃援槍刺殺呼嚕密遜所乘馬遼使驚駭遽走不敢回顧徑歸居數日破其城達呼布還自遼在城中執而殺之阿蘇復訴於遼遼遣奚節度使伊里原作乙烈來穆宗至拉林水興克原作興和村見伊里問阿蘇城事命穆宗曰凡攻城所獲存者復與之不存者備償且徵馬數百

匹穆宗與僚佐謀曰若償阿蘇則諸部不可復號令任使也乃令矩威（原作主隈）圖塔（原作禿答）兩水之民陽爲阻絕鷹路復使布古德（原作鼈古德）部節度使言於遼曰欲開鷹路非生女直節度使不可遼不知其爲穆宗謀也信之命穆宗討阻絕鷹路者而阿蘇城事遂止穆宗聲言平鷹路乃畋於屯（原作陶温）水而歸八年辛巳遼使使持賜物來賞平鷹路之有功者（本紀）穆宗盡以其物與矩威圖塔之人而不復備償阿蘇遼人亦不復問後二年阿蘇使其徒德濟（原作達紀）至生女直界上海蘭甸人畏穆宗執而送之阿蘇在遼無所歸（本傳）遂與

族弟尼楚赫（原作銀朮可）薩里罕（原作辭里罕）陰結南江居人歡塔博索（原作渾都僕速）欲俱亡入高麗事覺太祖使瓜爾佳薩哈（原作夾谷撒喝）捕之而尼楚赫薩里罕先爲遼戍所獲歡塔博索已亡去薩哈取其妻子而還（本紀）阿蘇遂終於遼（本傳）初遼每歲遣使市名鷹海東青於海上道出境內使者徵索無藝公私厭苦之康宗嘗以不遣阿蘇爲言稍拒其使者太祖嗣節度使亦遣普嘉努（原作蒲家奴）往索阿蘇後復遣宗室實古納（原作實古迺）完顏尼楚赫（原作銀朮可）往索阿蘇實古納等還具言遼主驕肆廢弛之狀於是召官僚耆舊以伐遼告之使備衝

要建城堡修戎器以聽後命遼統軍司聞之使節度使尼格捏哥原作來問狀復遣阿息保來詰之太祖謂之曰我小國也事大國不敢廢禮大國德澤不施而逋逃是主以此字小能無望乎若以阿蘇與我請事朝貢苟不獲已豈能束手受制也阿息保還遼人始爲備命統軍蕭托卜嘉原作撻不野調諸軍於甯江州太祖聞之使富卦喇原作僕聒刺復索阿蘇實觀其形勢二年甲午九月太祖進軍甯江州次寥晦城致遼之罪申告於天地曰世事遼國恪修職貢定烏春烏木罕之亂破蕭哈里之衆有功不省而侵侮是加罪人阿蘇

戰復得樞本傳瓜爾佳原作加古部人富呼原作蒲虎復來襲之垂及富呼問諸路人曰舒嚕樞去此幾何其人曰遠矣追之不可及也富呼遂止於是乃得歸葬焉本紀衆推景祖爲諸部長白山頁赫原作耶悔圖們原作統門扎蘭托卜古倫原作土骨論五國皆從服本傳是時遼之邊民有逃而歸者及遼以兵從圖埒原作鉄勒烏舍原作烏惹之民烏舍多不肯從亦逃而來歸遼使赫嚕原作曷魯林牙將兵來索逋逃之民景祖恐遼兵深入盡得山川道路險易或將圖之乃以計止之曰兵若深入諸部必驚擾變生不測逋戶亦不可得非計也赫嚕以爲然遂止其

軍與赫嚕自行索之是時鄰部雖稍從本紀錫馨拒阻不聽命景祖攻之不能克自度不可以力取乃以錫馨阻絕海東青路請於遼帝遼帝使人讓之曰汝何敢阻絕鷹路審無他意遣其酋長來錫馨使其長子頗克綽歡原作婆諸刊入朝曰不敢違大國之命遼人厚賜遣還謂之曰汝父信無他宜身自入朝錫馨信之明年入見於春蒐頗克綽歡從遼主謂錫馨曰罪在汝不在汝子乃命頗克綽歡還而流錫馨於邊地蓋景祖以計除錫馨而欲撫有其子與部人也頗克綽歡蓄怨未發會哈勒琿原作活剌渾水赫舍哩部拉必原作臘醅

屢請不遣今將問罪於遼天地其鑒佑之本紀凡與遼往復書命本傳當以此爲言終於滅遼然後已本紀天輔六年棟摩原作閣母羅索原作婁室略定天德雲內甯邊東勝等州獲阿蘇軍士問之曰爾爲誰曰我破遼鬼也金史本傳六月壬午希尹原作古新以阿蘇見杖而釋之本紀

錫馨原作石顯海蘭原作孩懶水烏淩阿原作烏林答部人金史本傳生女直之俗本紀初無文字完顏勖傳無書契無官府無約束不知歲月晦朔昭祖以條教爲治部落寖强遼以特哩袞原作惕隱官之民頗聽從本紀錫馨陸梁不可制本傳昭祖耀武至於青嶺白山順者撫之不從者討伐之入

於蘇伯（原作蘇濱）扎蘭（原作耶懶）之地，所至皆克捷（本紀）。還至古哩甸（原作姑里），得疾，寢於村舍，洞無門扉，乃以車輪當門爲蔽。族人果布（原作摑保）卧輪下爲扞禦，已而賊至，刃交於輪輻間，果布洞腹見膏，恐昭祖知之，乃然薪取膏以爲炙。問之，以他肉對。昭祖心知之，乃中夜啟行（果布傳）。至巴喇濟（原作逼剌紀）村止焉，是夕卒（本紀）。部人以柩歸，至海蘭水，錫馨與完顏部鄂和（原作窩忽窩）出而邀諸部，攻而奪之柩，揚言曰：汝輩以舒嚕爲能而推尊之，吾今得之矣。昭祖之徒往告於佛穆丹（原作蒲馬大彎）與瑪奇嶺赫伯村完顏布蒙克巴圖（原作巴土）等，募軍追及之，與

瑪察原作麻產叛頗克綽歡從之本傳侵掠野居女直略拉林水牧馬世祖擊之中四創久之疾愈拉必等復略穆宗牧馬交結諸部世祖復伐之拉必等給降乃旋拉必得古哩甸兵百十有七人據穆棱原作暮棱水守險世祖克之盡獲古哩甸兵瑪察遁去遂擒拉必及頗克綽歡本紀及其黨與皆獻之遼主久之世祖復使人言曰頗克綽歡不還則其部人自知罪重恐懼不肯歸服遼主以爲然遂遣頗克綽歡及前後所獻罪人皆還之金史本傳

準塔原作准德蘇拉布原作束里保皆瓜爾佳部人原作加古部賚

音諾延原作申乃因綽哈原作醜阿皆圖們原作駝滿部人富哲尼
瑪哈原作富者黏沒罕完顔部人阿固岱原作阿庫德布達原作白達
皆德因爾原作雅達蘭水完顔部貝勒七人者當攜離之
際能一心輔戴者也德濟原作達紀呼遜原作呼蘇皆珠嘉原作
术甲部貝勒雙寬原作勝昆主保皆珠格原作术虎部人阿固岱
温特赫原作温迪痕部人此五人者又其次者也金史本傳世
祖初年本傳叔父伯赫原作跋黑陰懷覬覦誘和諾克原作桓赧
薩克達原作散達烏春烏木罕原作窩謀罕等烏春以伯赫居
肘腋爲變信之由是頗貳於世祖烏春傳世祖嘗買瓜
爾佳部鍛工鄂伯台原作烏不屯被甲九十烏春欲託此

爲兵端<sub>本紀</sub>而童謠有欲生則附於伯赫欲死則附於和哩布頗拉淑之語<sub>伯赫傳</sub>世祖還其甲<sub>本紀</sub>烏春自此益無忌憚<sub>烏春傳</sub>使人召阿固岱布達阿固岱曰吾不知他死生與太師共之太師謂世祖也布達大喜曰我心正如此耳烏春兵來堅壁自守勿與戰可也德濟呼遜居博勒和<sub>原作琵里郭</sub>水烏春兵出其間不爲變終拒而不從雙寬居和博果<sub>原作胡不干</sub>村其兄卓巴納貝勒<sub>原作滓不乃</sub>烏春止其家<sub>金史本傳</sub>而以兵圍雙寬於赫伯<sub>原作胡不</sub>村兵退雙寬執其兄卓巴納而請莅殺於世祖且請免其孥戮從之<sub>本紀</sub>世祖破和諾克薩克達主

保死焉天會十五年準塔賽音諾延阿固岱布達皆贈金紫光祿大夫蘇拉布綽哈富哲尼瑪哈德濟呼遜雙寬圭保阿固岱皆贈銀青光祿大夫又有和掄原作朝論瓜爾佳部雙寬與前又一人貝勒察遜原作蟬春水烏雅部富哲固納原作郭赫畏烏春彊請世祖兵出其間以爲重金史本傳蓋所部與烏春近欲以自蔽故也烏春傳世祖使色埒默雅爾盤原作躍盤將別軍過之固納教色埒默取先在烏春軍中二十二人烏春覺之殺二人得二十八固納又以土人益色埒默軍金史本傳是時烏春前死烏木罕自知不敵乃遁去遂克其城諸部皆安輯

焉穆宗嘗嘉固納功後以色埒默之女守寗妻其子呼爾罕（原作呼里罕）焉（烏春傳）摩多圖水費摩部鄂博（原作斡不）貝勒附於世祖和諾克棼之鄂博卒世祖厚撫其家因併錄之以見立國之艱難云（金史本傳）

吉林通志卷七十四

人物志三　金二

罕都　威泰

伊克　固納

阿里布　額爾古訥

芬徹　宗雋

宗傑　宗强

爽　克實

阿蘇　宗敏

罕都原作歡都完顏部人祖舒嚕原作石魯與昭祖同時同部

同名交相得誓曰生則同川居死則同谷葬士人呼昭祖爲勇舒嚕呼舒嚕爲賢舒嚕初烏蘇展（原作烏薩札）部有美女名博多和（原作罷敵悔）青嶺東混同江舒舒（原作蜀東）水人掠而去生二女長曰達呼（原作達同）幼曰濟色（原作淬賽）昭祖納其一賢舒嚕納其一皆以爲妾是時諸部不肯用條教昭祖耀武於青嶺白山入於蘇伯（原作蘇濱）札蘭（原作耶懶）之地賢舒嚕佐之也其後別去至景祖時舒嚕之子噶順（原作劾孫）舉部來歸居於按春水（原作安出虎）源庫堪（原作胡凱）山之南庫堪山者所謂和琳（原作和陵）之地是也罕都噶順子世祖初襲節度使而伯赫以屬尊

蓄異謀不可制諸部相繼爲變罕都入與謀議出臨戰陳未嘗去左右沃埒原作斡勒部人博諾原作孟乃自景祖時與其兄弟俱居按春水之北及烏春作難博諾將與烏春合間誘烏嚕斯哈珠原作斡魯紺出水居人與之相結欲先除去罕都會其家被火陰約隸人布格蘇原作不歌束詭稱放火爲罕都呼圖原作胡土二人金史本傳使珠敦原作注都來謂世祖曰布格蘇來告前日之火罕都等縱之可執以來世祖疑之蘇爾噶勒原作石盧斡勒貝勒曰博諸兄弟也豈以一二人之故與兄弟搆怨乎不如與之便宏簡錄罕都被甲執戟而起曰彼爲亂之人也若

取太師兄弟則亦與之乎今取我輩我輩決不可往若必用戰當盡力致死穆宗曰壯哉罕都以我所見正如此耳贈罕都以馬曰戰則乘此衆皆稱善世祖乃往見博諾隔必喇原作鶻剌水而與之言曰布格蘇旣告縱火由罕都等謹當如約當先遣布格蘇來布格蘇至世祖於馬前殺之使博諾見之本傳博諾慚而去宏簡錄旣而聞之放火者博諾家人恩楚華善原作阿出胡山也博諾欲開此釁故以誣罕都云本傳拉必瑪察之戰罕都入陳鏖鬭左右出入者數四本傳馬中創死者十數拉必傳論功居多宏簡錄卜蘇傳希烏春烏木罕據哈勒琿

水世祖既許之降遂還軍於是薩喇（原作騷臘）貝勒富哲達蘭（原作富者撻懶）觀勝負不助軍而薩喇達蘭先曾與拉必瑪察合世祖欲因軍還而遂滅之馳馬前進達蘭者貞惠皇后之弟也罕都下馬執轡而諫曰獨不念費揚古（原作蒲陽溫本傳有愛弟二字依詳校本刪）與弟婦乎世祖感其言遂止費揚古者漢語云幼弟也世祖母弟中穆宗最少故云然穆宗德罕都言後以達蘭女克爾森（原作曷羅哂）妻其子古新太祖追瑪察罕都射中其首獲之遼人命穆宗太祖希卜蘇罕都俱爲詳袞（本傳）久之烏新（原作斡善）烏爾圖（原作斡脫）以古哩甸兵來歸世祖使薩布

（原作斜鉢）貝勒往撫定，不能訓齊其人。爲富察（原作蒲察）部古實（原作故石）巴克實（原作拔石）等所誘，入城，陷三百餘人。命罕都爲都統往治其罪，盡解薩布所將軍（宏簡錄），大破烏春烏木罕於實都，擒古實巴克實。初，頁赫水（宏簡錄作耶悔）納哈塔（宏簡錄作納喝）部薩巴（原作撒八）之弟曰安札（原作阿注阿）與人爭部族官，不得直，遂來歸。安札之甥曰薩必（原作三濱）曰薩塔（原作撒達）。希卜蘇破烏春烏木罕城，獲薩必、薩塔，并獲其母，以爲次室，撫其二子。薩塔告安札必爲變，希卜蘇不信而殺之。至是，安札果爲變，因穆宗晨出獵，糾率七八人操兵入宅，奪據寢門，劫貞惠皇后及家人等（本傳）罕都奔見安札曰閨門眷屬豈足劫質徒使驚恐耳汝故識我曷以我爲質再三言之始從（宏簡錄）貞惠皇后於是得解而質罕都薩哈希卜蘇使人告急於獵所穆宗亦心動罷獵歸中途逢告者日午至安札謂穆宗曰可使係案女直知名官僚相結送我兄弟親屬由咸州路入遼國庫金廏馬與我勿惜罕都亦當送我至遼境然後還而要穆宗與之盟穆宗皆從之遂執罕都及阿勒坦（原作阿魯太彎）喇卜丹（原作阿魯不太彎）等七人共以衣裙相結與安札俱行至遼境乃釋罕都罕都至濟州實黃龍府使人馳驛要遮安札

之黨屬惟縱其親人使去遂殺薩必弁其母遣使報於遼乞還安札遼人流之和勒端（原作曷董）城其後安札懷思鄉土亡歸附於係案女直因亂其官僚之室捕之不伏乃見殺穆宗襲位之初諸父之子錫林（原作習烈）錫伯及諸兄有異言曰君相之位皆渠輩爲之奈何罕都曰汝輩若紛爭則吾必不默默但已衆聞之帖然自是不復有異言者罕都事四君出入四十年征伐之際遇敵則先戰廣廷大議多用其謀世祖嘗曰吾有罕都則何事不成肅宗時委任冠於近僚穆宗嗣位凡圖遼事皆專委之康宗以爲叔父舊人尤加

敬禮多所補益康宗十一年癸巳二月得疾避於默
勒們原作米里每水甍年六十三喪歸康宗親迓於路送
至其家親視葬事天會十五年追贈儀同三司代國
公明昌五年贈開府儀同三司諡曰忠敏本傳配饗世
祖廟廷冶訶傳子古新默音古新別有傳默音當安札
之難曾同罕都代爲質後與宗峻俱侍太祖宗峻坐
默音上上怒命坐其下貝勒拉巴哩原作老勃論博克順
原作扳合汝希卜蘇原作轄拔速三八爭千戸上曰汝輩能如
罕都父子有勞於國者乎乃命默音爲千戸三人者
皆隸焉其眷顧如此天輔五年十二月卒天會十五

年贈太子少傅金史本傳

威泰原作斡帶世祖簡翼皇后生簡翼皇后傳太祖同母弟也於衆弟中最愛之宏簡錄年二十餘從薩哈原作撒改伐坶克原作留可爲裨將諸將議攻取威泰主攻城便太祖將至軍威泰迎之曰坶克城且下勿惑他議太祖從之衆議乃決威泰急起治攻具其夜進兵攻城遲明破之及額訥斯琿路原作二囊虎路湟恩楚路原作蠢出路寇盜盡平之康宗二年甲申蘇伯原作蘇濱水諸部不聽命康宗使威泰等往治其事行次呼爾哈原作活羅海川薩哈原作撒阿村召諸部皆至惟鴻觀部原作含國部沃赫原作斡豁貝勒

不至威準原作斡準部達薩塔原作狄庫德貝勒哲爾德原作職德部薩克蘇原作斷故速貝勒亦皆遯去遇烏塔原作塢塔於瑪奇原作瑪紀嶺遂執二人以降於是使威泰將兵伐沃赫募軍於蘇伯水沃赫完聚固守攻而拔之進師博齊赫布騰原作北琴海闢登路攻拔歡塔原作泓忒城取畔者以歸金史本傳時太祖以事如甯江州欲與偕行辭曰兵役久勞未及息也遂不果往宏簡錄太祖還晝寐於拉林原作來流水傍夢威泰之場圃火禾盡焚不可撲滅覺而深念之以爲憂是時威泰已寢疾太祖至聞之過家門不下馬徑至威泰所問疾未幾薨年三十四太祖每

哭之慟謂人曰予强與之偕行未必死也威泰剛毅果斷服用整肅臨戰決策有世祖風軍旅之事多專任之太祖平遼歎曰恨威泰之不及見也天會十五年追封儀同三司魏王謚曰定肅金史本傳

伊克原作治訶系出景祖按詳校本景字疑獻字昭字之訛居舍音原作神隱水完顏部爲其部貝勒與同部人巴哩原作巴里貝勒鄂敏原作斡泯水富察原作蒲察部歡託和原作胡圖化貝勒蘇都原作斷都貝勒特克新特布原作泰神忒保水完顏部安圖貝勒圖卜穆爾原作統八門水温特赫原作温迪痕部和囉海原作活里蓋貝勒俱來歸金自此益大肅宗拒和諾克已再失利

世祖命罕都伊克以本部穆昆之兵助之伊克與罕都常在世祖左右居則與謀議出則莅行陳未嘗不在其間天會十五年贈銀青光祿大夫明昌五年贈特進謚忠濟本傳大定中定亞次功臣圖像衍慶宮三十字依詳校本增與代國公罕都特進和卓開府儀同三司博諾原作盆納儀同三司巴達原作拔達本傳五八者元勳之最著也俱配饗世祖廟廷巴達傳伊克子阿里布原作阿魯補固納原作骨赧額爾古訥原作訛古乃薩克達原作散達薩克達子芬徹金史本傳

固納原作骨赧伊克子善騎射有才幹金史本傳世祖嗣節度

使烏春傳從討和諾克薩克達烏春烏木罕塔克之叛皆有功太祖伐遼固納從戰甯江州珠赫店破遼主親軍皆以力戰受賞襲其父穆昆領泰王宗翰千戶攻下中西兩京宗翰伐宋圍太原未下宗翰還西京固納以右翼軍佐尼楚赫原作銀朮可守太原是時汾州團柏榆次嵐憲潞皆有兵來援固納凡四戰皆破之大軍圍汴固納引萬戶軍屢敗其援兵憲潞等州復叛固納引兵復取之并收撫保德火山而還復領軍鎮夏邊在職十二年天會八年授世襲明安天眷初爲天德軍節度使致仕累遷開府儀同三司卒年八

十五子喜格(原作喜哥)襲明安加宣武將軍(金史本傳)

阿里布(原作阿魯補)伊克之子爲人魁偉多智略勇於戰未冠從軍下咸州東京(金史本傳)先是渤海人高永昌殺其東京留守蕭保先自稱大渤海國皇帝(大金國志)改元隆基(斡魯傳)據遼東五十餘州(大金國志)遼人討之久不能克(斡魯傳)既而女直破渤海軍斬高永昌(大金國志)阿里布力戰有功(珠嚕傳)遼人來取海州從貝勒瑪奇(原作麻吉)往援道遇重敵力戰斬首千級從烏楞古(原作斡魯古)攻豪懿州以十餘騎破敵七百進襲遼主阿里布徇北地招降營帳二十四民戶數千時巳下西京棟摩(原作闍母)

攻應州未下退營於州北十餘里夜遣阿里布率兵四百伺敵城中果出兵三千來襲阿里布道與之遇斬首百餘獲馬六十後遼兵三萬出馬邑之境以千兵擊之斬其將於陣（本傳）天會元年夏燕人張覺畔以平州附宋（大金國志）宋王宗望討張覺於平州聞應州有兵萬餘來援阿里布與阿勒達（原作阿里帶）迎擊之斬馘數千而還復從其兄約罕（原作虜劃）率兵三千攻乾州約罕道病卒代領其衆至乾州降其軍及營帳三十獲印四十與布呼（原作卜灰）攻下義州三年十二月（本紀）宗望伐宋（本傳）甲辰宗望諸軍及郭藥師張企徽劉舜仁戰

於白河本紀宗望命阿里布以穆昆先登賞賚特異本傳丙午郭藥師降本紀至汴破淮南援兵斬其二將大軍退次孟陽姚平仲夜以重兵來襲阿里布適當其中力戰敗之既還聞大名開德合兵十餘萬來爭河至河上知去敵尚遠乃以輕兵夜發詰旦至衛縣遇敵斬首數千級餘皆潰去師次邢州滹沱橋已焚阿里布先以偏師營於水上比軍至而橋成宗望嘉其功出眞定庫物賞之爲長勝軍千戶及再伐宋從宗望破敵於井陘遂下欒城師自大名濟河阿里布屯於洺州之境時宋主史作康王依詳校本改留相州大名府以兵

來攻我營阿里布乘夜以騎二百潛出其後反擊敗之居數日敵復來蘇統制以兵二萬先至阿里布乘其未集以三百騎出戰大敗其衆生擒蘇統制殺之大軍既克汴京攻洺州敗大名救兵遂下洺州三年三月(本紀從達蘭原作撻懶)攻恩州還洺人復叛阿里布先至城下城中出兵來戰敗之執其守佐遂與富埒琿(原作蒲盧渾)取信德軍梁王宗弼取開德阿里布以步兵五千赴之大名境內多盜命阿里布留屯其地賊犯莘縣聞阿里布至即潰去追襲一晝夜至館陶及之皆俘以歸七年九月(本紀從宗弼)襲宋主既渡淮阿里

布以兵四千留和州總督江淮閒戍將以討未附郡縣（本傳）遂與色哩頁（本紀）攻下太平州隳其城（本傳）復下順昌及濠州（本紀）廬州叛以偏師討之敗其騎六千擒三校明日復破敵於愼縣斬首五百張永合步騎數萬來戰阿里布兵止二千敵圍之阿里布潰圍力戰竟敗之追殺四十里獲馬三百而還八年三月（本紀）再攻廬州（本傳）丁卯（本紀）與達呼布（原作迪古不）敗敵萬衆於柘皋至廬州騎兵五百出戰敗之斬其二校師還宗弼趨陝西道聞大名復叛遣阿里布經略之獨與譯者至城下招之大名果降翌日下令民閒兵器悉上送官

於是吏民按堵如故爲大名開德路都統（本傳）九月戊申立劉豫爲大齊皇帝世修子禮建都大名府（本紀）阿里布屯兵於汴城外天會十五年詔廢齊國（本傳）降封劉豫爲蜀王（本紀）已執劉麟阿里布先入汴京備變明年除歸德尹割河南地與宋入爲燕京內省使宗弼復河南阿里布先濟河撫定諸郡再爲歸德尹河南路都統宋兵來取河南地宗弼召阿里布與許州韓常潁州大㚖（原作托卜嘉）陳州持嘉暉（元作赤盞暉）皆會於汴阿里布以敵在近獨不赴而宋將劉光世等果乘閒襲取許潁陳三州旁郡皆響應其兵攻歸德者阿里

布連擊敗之復取亳宿等州河南平阿里布功最皇
統五年爲行臺參知政事授世襲明安兼哈濟穆昆
改元帥右監軍博索路統軍歸德軍節度使累階儀
同三司其在汴時嘗取官舍材木構私第於恩州至
是事覺法當議勳議親海陵嘗在軍中惡阿里布詔
曰若論勳勞更有過於此者況官至一品足以酬之
國家立法貴賤一也豈因親貴而有異也遂論死年
五十五阿里布以將家子從征伐屢立功歷官有惠
愛得民心及死人皆惜之大定三年贈儀同三司詔
其子爲右衞將軍襲明安及親管穆昆賜銀五百兩

綵二十端絹三百匹金史本傳復定亞次功臣圖像衍慶宮十一字依詳校本增

額爾古訥原作訛古乃伊克子委質魁偉年十四隸宗翰軍中常領兵行前爲偵候金史本傳天輔五年宗翰出瓢嶺追遼主於鴛鴦濼遼主奔西京本紀額爾古訥以甲騎六十追遼招討圖善原作徒山獲之又以七騎追獲遼公主額布勒原作牙不里以獻有軍來爲遼援方臨陣中有躍馬而出者軍帥謂之曰能爲我取此乎額爾古訥曰諾果生擒而還問其名曰通古原作同瓜蓋北部中勇者也額爾古訥善馳驛日能千里及伐宋屢遣將

命以行天會八年從秦王在燕聞伊都（原作余睹）反於西北秦王促令額爾古訥馳驛以往黎明走天德及至日猶未曛也皇統元年以功授甯遠大將軍哈喇（原作豪剌）唐古部節度使五年授千戶遷西北路招討使九年再遷天德尹西南路招討使天德二年召見四年遷臨洮尹加金紫光祿大夫卒官年五十三（金史本傳）

芬徹（原作蒲查）薩克達子（伊克傳）與穆宗子齊國公芬徹（宗室表）同時同名（罕都傳）自上京密齊顯（原作梅堅）河徙屯天德初爲元帥府章京（金史本傳）使按四方事能得其實號爲稱職（宏簡錄）領明安皇統閒除同知開遠軍節度使斥

候嚴整邊境無事正隆初爲中都路兵馬判官是時京畿多盜芬徹捕得大盜四十餘人（本傳）百姓獲安（宏簡錄）改安化軍節度副使大定二年領行軍萬戶充邳州刺史知軍事領本州萬戶管所屯九明安軍昌武軍節度使山東副都統（本傳）五年爲夏國生日使（本紀）薩哈（原作撒改）南征元帥府以芬徹行副統事入爲太子少詹事再遷開遠軍節度使襲伯父固納明安歷博索路兵馬都總管西北路招討使（本傳）卒十五年詔圖像衍慶宮（薩哈傳）追謚濟國公（五字依詳校本增）大襃功臣始罕都終阿里布（原作阿離補）凡二十二人齊國公芬徹（原作蒲查）

亦預焉宏簡錄芬徹性廉潔忠直臨事能斷凡被任使
無不稱云金史本傳
宗雋本名額爾袞原作訛魯觀金史本傳太祖欽憲皇后生本傳
序爲人有勇力虬髯善射性愛民所居官必復租薄
征得番漢心大金國志天會十四年爲東京留守天眷元
年入朝本傳時劉豫已廢宏簡錄與左副元帥達蘭原作撻懶
建議本傳以廢齊故地畀宋宏簡錄宗室大臣皆言不可
宗雋達蘭陰相黨與宗磐傳謂我委地與宋必然德我
宗幹等爭之不能得宗憲復折之曰我俘宋父子兄
弟怨匪一日若復資以土地是助讎以朋我何德之

有不聽竟以河南陝西地與宋宏簡錄俄爲尚書左丞相宗磐傳作右丞相加開府儀同三司兼侍中封陳王二年拜太保領三省事封兗國王既而以謀反誅金史本傳

宗傑本名穆里延原作沒里野本傳太祖聖穆皇后生本傳序天會五年薨天會十三年謚孝悼天眷元年追封越王以其長子奭爲會甯牧封鄧王後爲上京留守再改燕京西京皇統元年正月七日遣告天地社稷大金集禮三年薨子阿蘭達蘭原作阿懶撻懶海陵爲相將謀弒立搆而殺之海陵篡立并殺宗傑妻大定閒贈宗傑太師封趙王金史本傳

宗強本名阿嚕(金史本傳)太祖元妃烏庫哩氏生(本傳)天眷元年封紀王三年代宗固為燕京留守皇統元年正月遣告太廟(大金集禮)五月拜太師封衛王六月薨輟朝七日喪至上京上親臨哭之慟仍親視喪事子阿林克實阿蘇

爽本名阿林(原作阿鄰)宗強子天德三年授世襲明安正隆二年除橫海軍節度使改安武軍留守司奉朝請(金史本傳)四年(本紀)海陵將伐宋(本傳)太醫使祁宰上疏諫殺之遂禁朝官飲酒犯者死(本紀)爽坐與弟阿蘇(原作阿瑣)及從父兄亨圖克坦貞會飲(本傳)杖百(本紀)下遷歸化州刺

史奪明安未幾復除安武軍節度使本傳海陵自將三十二總管兵伐宋將士自軍亡歸者相屬於道皆公言於路曰我輩今往東京立新天子矣本紀海陵渡淮分遣使者翦滅宗室爽憂懼不知所出會世宗即位東京本傳改元大定大赦數海陵過惡弒皇太后圖克坦氏殺太宗及宗翰宗弼子孫宗本諸王毀上京宮室殺遼豫王宋天水郡王郡公子孫等數十事本紀宗室璋本名呼密原作胡麻愈推爽弟阿蘇行中都留守遣人報爽爽棄妻子來奔與弟忻州刺史克實原作可喜俱至中都東迎車駕至梁魚務入見世宗大悅即除殿前馬

步軍都指揮使封溫王改秘書監母憂尋起服遷太
子太保進封壽王頃之世宗第五女蜀國公主下嫁
唐古鼎賜宴龍神殿謂爽曰朕與卿兄弟在正隆閒
朝夕常懼不保豈意今日賴爾兄弟之福可以享安
樂矣爽泣下頓首謝未幾判大宗正事太子太保如
故爽有疾詔除其子符寶祗候色埒爲忠順軍節度
副使爽入謝上曰朕以卿疾使卿子遷官冀卿因喜
而愈也色埒年少未閑政事卿訓以義方使有善可
稱別加升擢爽疾少閒將從上如涼陘賜錢千萬進
封英王轉太子太傅復世襲明安進封榮王改太子

太師顯宗長女鄴國公主下嫁烏庫哩誼賜宴慶和殿爽坐西向迎夕照面發赤似醉上問曰卿醉耶對曰未也臣面迎日色非酒紅也上悅顧羣臣曰此弟出言未嘗不實自小如此因謂顯宗兄弟曰汝等可以爲法以爽貧用有闕特賜錢一萬貫二十三年爽疾久不愈敕有司曰榮王告滿百日當給以王俸既薨上悼痛輟朝遣官致祭賻銀千兩重綵四十端絹四百匹陪葬山陵親王百官送葬他日謂大臣曰榮王之葬朕以不果親送爲恨其見友愛如此金史本傳

克實原作可喜宗强子傳宗强 累官唐古部族節度使降忻

州刺史正隆六年九月(本紀)海陵渡淮遣使殺諸宗室(宗敏傳)十月東京留守曹國公烏祿卽位於遼陽(本紀)克實棄州來歸與其兄歸化州刺史阿林會於中都是時弟阿蘇權中都留守事克實謂阿林曰阿蘇愚戇恐不能撫治欲少留以助之阿林乃行克實留中都聞世宗發東京乃迎見於瑪奇(原作麻吉)鋪除兵部尚書佩金牌將兵往南京行至中都聞南京已定遂止克實材武過人狠戾好亂自以太祖孫頗有異志世宗初至中都倥傯多事扈從諸軍未暇行賞或有怨言於是克實鄂倫(原作斡論)李惟忠(本名李老僧)鄂爾多(原作斡里朵)

璋本名呼密原作胡麻愈布呼原作布輝謀欲因扈從軍士怨望作亂本傳大定二年上謁山陵璋等九人會於克寶家宗室璋傳惟忠說萬戶高松本名摶多原作檀朵曰君有功舊人至今不得大官何也松曰我一縣令也每念聖恩累世不能報何敢有望乎惟忠遂不敢言知事不可成高松傳克寶璋布呼乃擒鄂倫惟忠鄂爾多阿古喇原作沃窟刺詣有司自首既下詔獄克寶不肯自言其始謀及與鄂倫面質然後款伏上念兄弟少太祖孫惟數人在惻然傷之詔罪止克寶一身其兄弟子孫皆不緣坐遂誅鄂倫惟忠鄂爾多阿古喇等其阿古喇下穆昆

士卒皆釋之除璋彰化軍節度使布呼濬州防禦使辛巳詔天下是日賜扈從萬戶銀百兩明安五十兩穆昆絹十疋甲士絹五疋錢六貫伊勒希以下賜各有差金史本傳

阿蘇原作阿鎖宗強之幼子也長身多力天德二年以宗室子授奉國上將軍累加金吾衞上將軍金史本傳與宗室璋宗強傳居於中都本傳海陵伐宋左衞將軍富察薩勒扎原作沙離只同知中都留守佩金牌掌留守府事世宗即位於遼陽璋勸薩勒扎歸世宗薩勒扎不從宗室璋傳阿蘇與璋率守城軍烏凌阿原作烏林答賓嘉努原作石家

奴等本傳以兵晨入留守府殺薩勒扎及判官瑪延原作漫撚薩里罕推阿蘇爲留守宗室璋傳璋自署同知留守事本傳遣實嘉努佩薩勒扎金牌與烏凌阿愿富察芬徹原作蒲察蒲查中都轉運使左淵子貽慶大興少尹李天吉子磐奉表如東京賀卽位世宗嘉之宗室璋傳大定二年授橫海軍節度使賜以名鷹詔曰卿方年少宜自戒愼留心政事改武定軍以母憂去官起服興平軍節度使賜以襲衣廄馬遷廣甯尹坐贓一萬四千餘貫詔杖八十削兩階解職入見於常武殿上曰朕謂汝有才力使之臨民今汝在法當死朕以親親之故曲

爲全貸當思自今戒懼勿復使惡聲達於朕聽改平涼濟南尹卒官年三十七上命有司致祭賻銀千兩重綵四十端絹四百疋金史本傳

宗敏本名阿里布原作阿魯補金史本傳太祖元妃烏庫哩原作烏古論氏生本傳序天眷元年封邢王皇統三年爲東京留守拜左副元帥兼會甯牧進拜都元帥兼判大宗正事再進太保領三省事兼左副元帥領行臺尚書省事封曹國王本傳屢憂熙宗性喜殘殺乘左右無人密謂海陵國家事重奈何輒殺大臣海陵將以爲指斥自念無證不可發及弑熙宗畏其屬尊且材勇欲

搆誣以除之時世宗爲葛王使召之宗敏疑懼不敢往王曰叔父今不即往明日如何相見宗敏不得已入宮海陵尚猶豫以問烏達原作烏帶曰彼太祖子也不殺之衆人必有異議宏簡錄不如除之乃使布薩呼圖原作僕散忽土刃擊宗敏宗敏左右走避膚髮血肉狼藉徧地本傳葛王見之問於衆曰國王何罪而死烏達曰天許大事尚已行之此蟣蝨爾何足道者宏簡錄天眷三年海陵追封宗敏爲太師進封爵妃富察原作蒲察氏進國號封子薩哈連改作撒合輦舒國公賜名褒進封王阿里罕封密國公正隆六年契丹薩巴反海陵遣使殺

諸宗室阿里罕遂見殺大定閒詔復官爵金史本傳

# 吉林通志卷七十五

## 人物志四 金三

昂　宗秀

威赫　杲布

齊　珠嚕

呼實哈　宗賢

訾　卞

達蘭　崇成

昂穆宗第五子本名烏頁原作烏野字勉道少好學問國人呼爲秀才年十六從太祖攻甯江州從宗望襲遼

主於石輦鐸太宗嗣位自軍中召還與謀政事宗翰宗望定汴州受宋帝降太宗使勗就軍中往勞之宗翰等問其所欲曰惟好書耳載數車而還女直初無文字及破遼獲契丹漢人始通契丹漢字於是諸子皆學之宗雄能以兩月盡通契丹大小字而完顏希尹乃依倣契丹字製女直字（金史本傳）天會三年八月字書成太祖大悅命頒行之（希尹傳）女直既未有文字亦未嘗有紀錄故祖宗事皆不載宗翰好訪問女直老人（詳校本案老人指阿离瀌等）多得祖宗遺事（金史本傳）與遼議和詔契丹漢字宗雄與宗翰希尹主之（宗雄傳）太宗初即位

復進士舉而韓昉輩皆在朝廷文學之士稍拔擢用之天會六年詔書求訪祖宗遺事以備國史命勗與耶律迪延（原作迪越）掌之勗等採摭遺言舊事自始祖以下十帝綜爲三卷凡部族既曰某部復曰某水之某又曰某鄉某村以識別之凡與契丹往來及征伐諸部其間詐謀詭計一無所隱有詳有略咸得其實自太祖與高麗議和凡女直入高麗者皆索之至十餘年索之不已勗上書諫曰臣聞德莫大於樂天仁莫先於惠下所索戶口皆前世奸宄叛亡烏珍（原作烏蠢）烏木罕（原作訛莫罕）阿哈阿克蘇木（原作阿合速）之緒裔先世綏

懷四境尚未賓服自先君與高麗通聞我將大因謂
本自同出稍稍款附高麗既不聽許遂生邊釁因致
交兵久方連和蓋三十年當時壯者今皆物故子孫
安於土俗婚姻膠固徵索不已彼固不敢稽留骨肉
乖離誠非衆願人情咨怨甚可愍者而必欲求爲已
有特彼我之蔽非一視同仁之大也國家民物繁夥
幅員萬里不知得此果何益耶今索之不還我以强
兵勁卒取之無難然兵凶器戰危事不得已而後用
高麗稱藩職貢不闕國且臣屬民亦非外聖人行義
不責小過理之所在不俟終日臣愚以爲宜施惠下

之仁宏樂天之德聽免徵索則彼不謂已有如我自得之矣從之十五年爲尚書左丞本傳先是天會八年安班貝勒杲旣薨太宗意久未決本紀太宗病子宗磐稱是今主之元子合爲儲嗣阿孛宗幹稱係太祖長子合斷原約作嗣君黏罕宗維稱於兄弟最年長功高合當其位太宗不能與奪者累日昜受師於宋主客員外郎范正圖通文義奏曰臣請爲籌之初太祖約稱原謀弟兄輪足卻令太祖子孫爲君盟言猶在耳所有太祖正室聖穆皇后親生男聖果早卒有嫡孫喝囉本紀作哈喇原作合剌可稱按班孛極列立以爲儲見

年一十五歲矣黏罕悟室（一作兀室）利於幼小易制而宗幹係伯父如已子也（神麓記）會左副元帥宗翰右副元帥宗輔入朝與宗幹議曰安班貝勒虛位已久今若不早定恐授非其人哈喇先帝嫡孫當立相與請於太宗者再三乃從之（本紀）遂拜宗翰固論右孛極列（宗翰傳　固論作國論列作烈）十三年正月庚午（本紀）熙宗即位（希尹傳）至是除宗磐爲忽魯孛極列宗幹爲固論孛極列宗維爲異辣孛極列遂遷勗爲左丞以賞之（神麓記）加鎮東軍節度使同中書門下平章事（本傳）宗翰沒後宗磐日益跋扈與宗幹爭論於上前卽上表求退勗奏曰陛

下富於春秋而大臣不協恐非國家之福熙宗因爲
兩解宗磐愈驕恣於熙宗前持刀向宗幹都檢點蕭
仲恭呵止之既而左副元帥撻懶東京留守宗雋入
朝宗磐陰相黨與而宗雋遂爲右丞相用事撻懶屬
尊功多先薦劉豫立爲齊帝復倡議以河南陜西地
與宋使稱臣熙宗命羣臣議宗室大臣皆言其不可
獨宗磐宗雋助之卒以與宋其後宗磐宗雋撻懶謀
作亂宗幹希尹發其事熙宗下詔誅之宗磐傳　宗磐
宗磐之難賜與甚多加儀同三司以皇叔祖冠其銜勗預平
勗皆力辭不受皇統元年撰定熙宗尊號册文上召

勗飲於便殿以玉帶賜之所撰祖宗實錄成凡三卷進入上焚香立受之賞賚有差制詔左丞勗平章政事奕職俸外別給二品親王俸傔舊制皇兄皇子爲親王給二品俸宗室封一字王者給三品俸勗等別給親王俸蓋異數也宴羣臣於五雲樓勗進酒稱謝帝起立宰臣進曰至尊爲臣下屢起於禮未安上曰朕屈己待臣下亦何害是日上及羣臣盡歡俄同監修國史進拜平章政事光懿皇后忌辰熙宗將出獵勗諫而止金史本傳後又獵於海島三日之間凡遇五虎親射獲之勗獻東狩射虎賦宏簡錄上悅賜以佩刀玉

帶良馬時上日與近臣酣飲或繼以夜昂上疏諫乃爲止酒進拜左丞相兼侍中監修如故八年奏上太祖實錄二十卷賜黃金八十兩銀百兩重綵五十端絹百疋通犀玉鈎帶各一出領行臺尚書省事召拜太保領三省事領行臺如故封魯國王昂剛正寡言海陵方用事朝臣多附之者一日大臣會議海陵後至昂面責之曰吾年五十餘猶不敢後爾少年強健乃敢如此海陵跪謝九年進拜太師封漢國王海陵簒立加恩大臣以收人望封秦漢國王領三省監修如故及宗本無罪誅昂鬚髮頓白因上表請老海陵

不許賜以玉帶優詔諭之有大事令宰臣就第商議入朝不拜勗稱疾篤表請愈切以本官致仕進封周宋國王正隆元年與宗室俱遷中都二年例降封金源郡王薨年五十九撰定女直郡望姓氏譜及他文甚衆勗能以契丹字爲詩文凡遊宴有可言者輒作詩以見意大定二十年詔曰太師勗諫表詩文甚有典則朕自卽位所未嘗見其諫表可入實録其射虎賦詩文篇什可鏤板行之子宗秀金史本傳

宗秀字實甫本名錫里庫宏簡録作廝里忽涉獵經史通契丹大小字善騎射與平宗磐宗雋之亂授定遠大將

軍以宗磐世襲明安授之宗弼復取河南與海陵俱赴軍前任使（金史本傳）率步騎三千扼宋將於亳宿之間（宏簡錄）師還爲太原尹改博索（元作婆速）路統軍使高麗遣使以土物獻卻之不受入爲刑部尚書改御史中丞授翰林學士天德初轉承旨封宿國公賜玉帶歷平陽尹昭義軍節度使封廣平郡王正隆二年卒官年四十二例降二品以上封爵改贈金紫光祿大夫（金史本傳）

威赫（原作隈可）亦作隈喝（宏簡錄作名偎喝）康宗次室僕散氏生美鬚髯勇健有材略從太祖伐遼取甯江州戰珠赫

店天眷二年授驃騎上將軍除德爾伯森原作迭魯苾撒乣詳袞宏簡錄作詳穩乣遷忠順軍節度使興平軍節度使天德二年入爲大宗正丞四年拜昭德軍節度使以兄摩羅歡原作謀良虎和勒端原作喚端哈濟穆昆餘戶并授威赫上京路哲爾袞明安元作札里瓜猛安所屬世襲封廣平郡王正隆二年例奪王爵改哈斯罕原作曷速館節度使再改忠順軍節度使大定元年封宋國公爲勸農使卒官年六十五金史本傳贈龍虎衛上將軍宗義傳

果布者原作摑保昭祖族人從昭祖耀武於青嶺白山還至古哩甸昭祖得疾寢於村舍洞無門扉乃以車輪

當門爲蔽果布卧輪下爲扞禦已而賊至刃交於輪輻間果布洞腹見膏恐昭祖知之乃然薪取膏以爲炙問之以他肉對昭祖心知之遂中夜啟行金史本傳

完顏齊本名素赫原作埽合穆宗曾孫父哈布爾原作胡八曾詳校本云曾當作魯甯州刺史大定中以族次本傳次作改依詳校本改正充司屬司將軍金史本傳授同知復州軍州事在職廉能初復州哈斯罕原作合斯罕地方七百餘里因圍獵禁民樵捕齊言其地肥衍合賦民開種則公私有益上然之爲弛禁即牧民田居收利甚溥因建其地名哈斯罕明安宏簡錄累遷刑部員外郎上諭曰本朝以來未

嘗有內族爲六部郎官者以卿廉能故授之章宗立改戶部員外郎出爲磁州刺史治以寬簡未嘗留獄屬邑武安有道士覬觀宇不謹吏民爲請鄰郡王師者代主之道士忿奪其利告王私置禁銅器法當徒縣令惡其爲人反坐之具獄上齊審其誣又以王有德不忍坐之問同寮無以對齊曰道士同請郎同居也當准首俱釋其罪其寬明有體皆此類也本傳作大體按詳校本改正磁名郡刺史皆朝廷遴選郡人以前政有聲如劉徽柔程輝高德裕皆不及也河北提刑司以治狀聞明昌三年始議置諸王傅頗難其選乃以齊傅

兖王王將至任郡明安迎接齊峻卻之王怪問故曰王國藩輔（本傳作三國按詳校本改）明安皆總戎職於王何利焉卻之以遠嫌也王悅服王府家奴爲不法者輒發還本明安終更無敢犯者明年授山東東西路副統軍兼同知益都府事有惠愛郡人爲之立碑轉彰化軍節度使六年移利涉軍召見慰勞有加詔留守上京承安二年致仕卒齊明法識治體所至有聲內族中與丞相承暉並稱云（金史本傳）

珠嚕（原作朮魯）宗室子從鄭王烏色（原作斡賽）敗高麗於海蘭（金史本傳）取雅魯城克甯江州收黃龍府珠赫店之役達

嚕噶城之役呼岱巴岡之役皆力戰有功東京降爲本路招安副使敗遼兵破通口（原作同刮）營蘇州漢民叛走珠嚕追復之以功爲穆昆天輔四年卒年四十一皇統中贈鎮國上將軍（金史本傳）

呼實哈（原作胡石改）宗室子也從太祖攻甯江敗遼兵於達嚕噶城破遼主親兵皆有功遼軍來援濟州呼實哈與其兄實古納（原作實古乃）以兵迎擊敗之還攻濟州中流矢戰益力克其城軍中稱其勇從攻春泰州降之并降境內諸部其不降者皆攻拔之遼主西走呼實哈追至中京獲其宮人輜重凡八百兩有薩納噶

者原作思泥古復以本部叛去呼實哈以兵五百追及之獲其親屬部人以還德州復叛呼實哈以兵五千克其城從羅索擊敗敵兵二萬於歸化之南并降歸化從取居庸關并燕之屬縣及其山谷諸屯伊實原作移失部既降復叛去呼實哈引兵追及戰敗之俘獲甚衆澤州諸部有逃者皆追復之又敗叛人於臨潢誅其酋而安撫其人民天眷二年遷永定軍節度使改武定軍徙汴京留守天德三年授世襲明安卒年八十金史本傳

宗賢本名阿嚕宏簡錄作阿魯宗室子按詳校本增入太祖伐遼從

攻甯江州臨潢府金史本傳皆力戰有功呼實哈傳太宗監國選侍左右甚見親信臨潢復叛從宗望復取之爲內庫都提點再遷歸德軍節度使政寬簡境內大治秩滿士民數千詣朝廷請留金史本傳改武定永定二軍百姓皆扶老攜幼送數十里悲號而去宏簡錄始太祖命三百戶爲穆昆十穆昆爲明安一如郡縣置吏之法太宗既有中原申畫封疆分建守令熙宗遣廉察之使循行四方循吏傳序皇統八年秉德廉察郡縣秉德傳士民持盆水與鏡前拜言曰使君廉明清直類此民實賴之秉德曰吾聞郡僚廉能如一汝等以爲如何衆

對曰公勤清儉皆法則於使君耳因謂宗賢曰人謂君善治當在甲乙果然賢使君也用是超遷兩階大德初授世襲穆昆馳驛召之雄州父老相率張青繩懸明鏡於公署老幼塡門三日乃得去封定國公再除忠順軍節度使賜以玉帶捕盜司執數人至府宗賢問曰罪狀明白否對曰獄具矣宗賢閱其案謂僚佐曰吾察此輩必冤不數日賊果得金史本傳人以爲神明宏簡錄

改海蘭原作曷懶路兵馬都總管歷廣甯尹封廣平郡王改崇義軍節度使兼領北京宗室事正隆例奪王爵加金紫光祿大夫改臨海軍大定初遣使召

之宗賢卒諸宗室見於遼陽除同簽大宗正事封景國公致仕起爲博索路兵馬都總管復致仕卒金史本傳

嘗本名額里埒原作阿里刺隸上京司屬司大定十年以皇家親近收充東宮護衛轉十八長授御院通進金史本傳二十四年本紀從世宗幸上京會皇太子守國薨世宗以嘗親密可委特命與滕王府長史臺馳驛往護喪時章宗爲金源郡王亦留中都且命嘗等保護諭之日郡王遭此家難哀哭當以禮節之飲食尤宜謹視世宗還都遷符寶郎除吏部郎中章宗即位坐與御史大夫唐括貢爲壽犯夜禁奪官一階罷明昌元

年起爲同知棣州防禦使事上書歴詆宰執帝以小官敢議訕宰輔杖八十削一官罷之發還本明安明年降授同知宣德州事召授武衛軍副都指揮使四遷知大興府事轉左右宣徽使承安二年拜尚書右丞出爲泰定軍節度使移知濟南府事卒金史本傳

卞本名鄂摩原作吾母上京司屬司人大定二年收充護衛積勞授彰化軍節度副使入爲都水監丞累遷中都西京路提刑使徙知歸德府河平軍節度使王汝嘉奏卞前在都水監導河有勞除北京留守俄改知大興府事時有言尚書左丞瓜爾佳衡原作夾谷衡在軍

不法詔刑部問狀事下大興府卞輒令追攝上以爲失體杖四十久之乞致仕不許拜御史大夫先是左司諫持嘉克們原作赤盞高門上言御史大夫久闕憲紀不振宜選剛正疾惡之人肅清庶務上由是用卞前時孫鐸賈鉉俱爲尙書金史本傳戶曹繁重已有相望及考滿集中州鉉拜參知政事而鐸再任本傳賀席中戲舉青州老柏院布衣張在詩云南鄰北里牡丹開公子王孫去不回惟有庭前老柏樹春風來似不曾來中州集有鬱鬱意卞劾奏之鐸坐降黜本傳授同知河南府事鐸既黜時人以詩送之曰想到洛陽春色好旣而卞南鄰北里牡丹開閭者大笑亦見中州集

復申前請遂以金吾衞上將軍致仕卒金史本傳

特進達蘭原作撻懶宗室子年十六事太祖未嘗去左右珠赫原作出河店之役太祖欲親戰達蘭控其馬而止之曰主君何爲輕敵臣請效力金史本傳卽挺槍前手殺七人已而槍折復曳騎士九人下馬宏簡錄太祖壯之曰誠得此輩數十雖萬衆不能當也及戰於達嚕噶城遼兵一千陳於營外太祖遣達蘭往擊之達蘭衝出敵陳大敗其衆攻臨潢府春泰州中西二京皆有功天輔六年授穆昆天會四年從伐宋屢以功受賞明年再舉至汴宗望聞宋人會諸路援兵於睢陽與阿

里庫原作刮將兵二千往拒之敗其前鋒軍三萬於杞
縣又破三寨擒宋東京路都總管胡直孺南路都統
制隋師元及其三將并直孺二子遂取拱州降寧陵
復破二萬於睢陽進取亳州聞宋兵十萬且至會宗
望益兵四千合擊大敗之其卒二千陳而立馳之不
動即麾軍去馬擊之盡殪擒其將石瑱而還帥府嘉
其功賞賚優渥睿宗駐兵熙州分遣諸將略地達蘭
以軍五百八入六盤山十六寨降其官八十餘民戶
四千馬二千匹皇統中累加銀青光祿大夫天德初
加特進授世襲明安卒年六十五海陵遷諸陵大房

山以達蘭嘗給事太祖命作石像置睿陵前金史本傳

祟成本名布呼原作僕灰泰州司屬司人昭祖元孫大定十八年收充奉職改東宮入殿實達爾轉護衛二十五年章宗爲原王充本府祇候郎君明年上爲皇太孫復爲護衛上卽位授河間府判官以憂去職起復爲宿直將軍累遷武衛都指使泰和三年卒賻贈有加崇成謹飭有度宿衛二十餘年未嘗有過故久侍密近云金史本傳

吉林通志卷七十六

人物志五 金四

薩哈　宗憲

希卜蘇　宗亨　宗賢

實圖美　都古嚕訥

實實　思敬

斡魯　烏楞古

博勒和　棟摩

宗敘　羅索

和尼　默音

實古納　哈里

尼楚赫　古雲

瑪奇　烏色

巴爾斯　實古納

薩哈（原作撒改）景祖孫韓國公和卓（原作劾者）之長子世祖之兄子也（金史本傳）景祖九子元配唐古（原作唐括）氏生和卓（本紀）於次最長景祖方討定諸部（本傳）紀綱漸立（本紀）愛世祖膽勇材略及諸子長國俗當異宮居（本傳）景祖曰和卓柔和和哩布（原作劾里鉢）有器量智識何事不成乃命和卓與世祖同居（本紀）和卓專治家務世祖主外事（本傳）景

祖撝巴哩美（原作拔乙門）獻於遼主遼主以爲生女直部族節度使遼人呼節度使爲太師金人稱都太師者自此始景祖卒世祖繼之（本紀）世祖越鳴順（原作劾孫）而傳肅宗穆宗皆景祖志也（本傳）穆宗復傳世祖之子至於太祖竟登大位焉（本紀）初景祖嘗以幣與馬求國相於雅達以命肅宗（和諾克傳）穆宗初襲位念和卓長兄不得立遂命薩哈爲國相穆宗履藉父兄趾業鋤除彊梗不服已者（本傳）使太祖伐巴圖（原作跋忒）巴圖亡去錫馨（原作星顯）水赫舍哩（原作紇石烈）部阿蘇（原作阿疏）穆都哩（原作毛睹祿）阻兵爲難穆宗自將伐阿蘇薩哈以偏師攻通恩（原作鈍恩）

城拔之（本紀）先是穆宗使薩哈取瑪奇（原作馬紀）嶺道攻阿蘇穆宗自將期阿蘇城下會軍薩哈行次阿卜薩（原作阿不塞）水烏雅部（原作烏延）色埒（原作斜勒）貝勒來謁謂薩哈曰聞國相將與太師會軍阿蘇城下此爲深入必取之策宜先撫定珊沁（原作潺蠢）錫馨之路落其黨附奪其民人然後合軍未晚也薩哈從之攻通恩城請濟師穆宗與之薩哈遂攻下通恩城而與穆宗來會蘇阿城下通恩在南阿蘇在北穆宗初遣薩哈分道即會攻阿蘇聞其用色埒計先取通恩城與初議不合頗不然之及遼使來止勿攻阿蘇然後深以取通恩城爲

功也（本傳）用爲都統與太祖攻破埒克城誅其渠帥取
拏累貲產而還（宏簡錄）卓多（原作詐多）烏塔（原作塢塔）通恩皆降
（本傳）康宗旣沒太祖稱達貝勒（原作都勃極烈）與薩哈分治諸
部必塔（原作匹脫）水以北太祖統之拉林（原作淶流）水人民薩
哈統之明年（本傳）丙午六月太祖至江西遼使使來致
襲節度使之命遼主好畋獵淫酗怠於政事（本紀）太祖知
遼可伐遂起兵（金史本傳）九月太祖進軍甯江州次寥晦
城駐高阜薩哈仰見太祖體如喬松所乘馬如岡阜
之大太祖亦視薩哈人馬異常薩哈因白所見太祖
喜曰此吉兆也卽舉酒酹之曰功成當識此地師

次唐古特旺結原作唐括帶斡甲之地諸軍介而立有光起於人足及戈矛上明日至扎扎水原作扎只光復如初五行志人以爲祥將至遼界先使宗幹督士卒夷塹旣渡遇渤海軍攻我左翼七穆昆衆少卻敵兵直犯中軍舍音原作斜也出戰齊達原作哲垤先驅太祖曰戰不可易也遣宗幹止之宗幹馳出舍音前控止齊達馬舍音遂與俱還敵人從之耶律色實原作謝十墜馬遼人前救太祖射救者斃併射色實中之有騎突前又射之徹札洞胷色實拔箭走追射之中其背飮矢之半僨而死獲所乘馬宗幹與數騎陷遼軍中太祖救之免冑戰

或自旁射之矢拂於顙太祖顧見射者一矢而斃謂將士曰盡敵而止衆從之勇氣百倍敵大奔相蹂踐死者十七八時薩哈在別路太祖使人以戰勝告之而以色實馬賜之本紀薩哈及將士皆驩呼曰義兵始至遼界一戰而勝滅遼自此必矣遣子宗翰及完顏希尹原作古新來賀捷因勸進本傳太祖曰一戰而勝遂稱大號何示人淺也本紀十月師克甯江州本傳初命諸路以三百戶爲穆昆原作謀克十穆昆爲明安原作猛安十一月遼都統蕭嘉哩原作乣里副都統托卜嘉將步騎十萬會於鴨子河北太祖自將擊之與敵遇於珠赫店原作出河

會大風塵埃蔽天乘風勢擊之遼兵潰逐至沃棱原作幹論濼殺獲首虜及車馬甲兵珍玩不可勝計徧賜官屬將士燕犒彌日師還十二月太宗薩哈希卜蘇原作習不出率諸將復勸進本傳願以新歲元日恭上尊號本紀收國元年正月朔太祖即位薩哈行國相如故伐遼之舉決於都古嚕訥原作古乃其大計實自薩哈啟之薩哈自以宗室近屬且長房繼肅宗爲國相旣貴且重故身任大計贊成如此諸人莫之或先也太祖即位羣臣奏事薩哈等前跪上起立止之曰今日功成皆諸君協輔之力吾雖處大位未易改舊俗也薩哈等

感激再拜謝凡臣下宴集太祖嘗赴之主人拜上亦答拜天輔後始正君臣之禮焉七月太宗爲安班原作諳班貝勒授薩哈古倫原作國論貝勒希卜蘇愛滿原作阿買貝勒杲古倫齊原作國論昃貝勒所謂貝勒原作勃極烈者蓋女直之尊官也自太祖正位號凡半載未聞有封拜太宗介弟優禮絕等杲母弟之最幼者薩哈希卜蘇以宗室同封拜本傳皆異數也宗室勛傳九月加古倫烏赫哩原作國倫胡魯貝勒天輔五年閏五月辛巳薨本紀太祖往弔乘白馬剺額哭之慟及葬復親臨之賵以所御馬薩哈爲人敦厚多智長於用人家居純儉自始爲國相

能馴服諸部訟獄咸得其情當時有言不見國相事何從決及舉兵伐遼薩哈每以宗臣爲内外倚重不以戰多爲其功也天會十五年追封燕國王（本傳）天德二年二月太廟祫祭有司擬上配享功臣詔以薩哈等東向配太祖位（禮志）正隆降封陳國公大定三年改贈金源郡王配饗太祖廟廷謚忠毅十五年詔圖像衍慶宮子宗翰宗憲（本傳）扎保迪（依詳校本增）宗翰別有傳

金史本傳

宗憲本名阿蘭（原作敖拉宏簡錄作阿懶）薩哈子（薩哈傳）女直初無文字（宗室勗傳）天會三年字書成命頒行之（希尹傳）宗憲年

十六選入學太宗幸學與諸生俱謁進止恂雅金史本傳令誦所習女直字書語音清亮兼通契丹漢字善應對宏簡錄侍臣奏曰此左副元師宗翰弟也上嗟賞久之未冠從宗翰伐宋汴京破眾人爭趨府庫取財物宗憲獨載圖書以歸本傳金初庶事草創禮志朝廷議制度禮樂往往因仍遼舊宗憲曰方今奄有遼宋當遠引前古因時制宜成一代之法何乃近取遼人制度哉希尹原作古新曰而意與我甚合由是器重之本傳天眷元年本紀撻蘭宗雋倡議以齊地與宋本傳謂我委地與宋必然德我宏簡錄宗雋傳宗憲廷爭折之本傳曰我俘宋父

子兄弟怨匪一日若復貧以土地是助讎以戕我何德之有宏簡錄宗雋傳當時不用其言其後宗弼復取河南陝西地如宗憲策以捕宗磐宗雋功授昭武大將軍修國史累官尚書左丞熙宗嘗從容謂之曰嚮以河南陝西地與宋人卿以爲不當與今復取之是猶用卿言也卿識慮深遠自今以往其盡言無隱宗憲拜謝遂攝門下侍郎初熙宗以疑似殺希尹本傳久乃憫惜語以希尹有大功朕將錄用其孫對曰陛下所念至深死生幸甚以臣言之若不先明死者無罪生者何由得仕上是其言宏簡錄即日復希尹官爵用其孫

守道爲應奉翰林文字本傳後至宰相宏簡錄皇統五年將肆赦議覃恩止及女直人宗憲奏曰莫非王臣慶幸豈可有間耶本傳宜廣配天之澤永昭凝命之庥可大赦天下內外大小職官並與覃恩大金集禮遂改其文使均被焉轉行臺平章政事天德初爲中京留守武安軍節度使封河內郡王改太原尹進封鉅鹿郡王正隆例奪王爵再遷震武軍節度使世宗卽位遣使召之詔曰叔若能來速至此若爲赫舍哩志甯本名薩哈連白彥敬本名約索所遏亦不煩叔憂宗憲聞世宗卽位先已棄官來歸與使者遇於中都遂見上於小遼口

除中都留守卽遣赴任詔與元帥完顏古雲（原作同彀英）議軍事明年改西京留守八月改南京布薩忠義（本名烏哲）自行臺朝京師宗憲攝行臺尚書省事召爲太子太師上謂宗憲曰卿年老舊人更事多矣皇太子年尙少謹訓導之俄拜平章政事太子太師如故詔以太祖實錄賜宗憲及平章政事完顏元宜左丞相赫舍哩艮弼（本名羅索）判祕書監温王爽各一本伊喇皋善努（原作移剌高山奴）前爲甯州刺史以貪污免世宗以功臣子孫宗族中無顯仕者以爲祕書少監是時母喪未除有司奏其事宗憲曰皐善努傲狠貪墨不可致之

左右世宗曰朕以其父祖有功爾旣爲人如此豈可玷職位哉追還制命因顧左丞蘇保衡參政石琚曰此朕之過舉不可不改卿等當盡心以輔朕也有司言諸路明安穆昆怙其世襲多擾民請同流官以三十月爲考詔下尚書省議宗憲乃上議曰太祖皇帝撫定天下誓封功臣襲明安穆昆今若改爲遷調非太祖約臣謂凡明安穆昆當明覈善惡進賢退不肖有不職者其弟姪中更擇賢者代之上從其議進拜右丞相本傳大定五年上世宗尊號表略曰膺帝命而履寶位是謂應天因人心而啟洪基是爲興祚遠人

來附綏之而已乃修德以尙文得不謂仁文乎王略
既宣服之而已不窮兵而黷武得不謂義武乎本之
以事無不通之聖擴之以遠無不燭之明能廣前人
之有聲實曰天子之至孝合茲衆美允矣公言臣等
不勝大願謹固請加上尊號曰應天興祚仁文義武
聖明至孝皇帝詔卻禮册宗憲再上表曰函章屢貢
宸聽未回雖聖心能以自儆在臣下有所未安夫简
在上帝之心謂之應天紹復先王之業謂之興祚仁
以守位德以撫民無所不通非聖孰能與此先之以
愛夫孝何以加乎道備至明名非虛美臣等不勝大

願謹固加上尊號曰應天興祚仁德聖孝至明皇帝詔去至明二字餘用勉從大金集禮大定六年九月癸丑薨本紀年五十九上輟朝悼惜久之命百官致奠賻銀一千五百兩重綵五十端絹五百匹金史本傳

希卜蘇原作習不失本作辭不失後爲希卜蘇昭祖之孫烏肯徹原作烏古出之次子也金史本傳希卜蘇健捷能左右射世祖襲節度使肅宗與拒和諾克薩克達戰於烏嚕斯哈珠原作斡魯紺出水再失利世祖至將士無人色世祖使希卜蘇先陣於托果原作豁改原而身出搏戰敗其步軍希卜蘇自陣後奮擊之敗其騎軍所乘馬中九

矢不能馳遂步趨而出方戰其外兄烏格（原作烏葛）名善射居敵中將射希卜蘇熟視識之呼曰此小兒汝一人事乎何爲摧鋒居前如此以弓弰擊馬首而去是役也希卜蘇之功居多和諾克既敗希卜蘇馬棄陣中者亦自歸世祖嘗疑珠嘉希勒圖（原作朮甲孛甲篤）或與烏春等爲變遣希卜蘇單騎往觀希勒圖與呼嚕罝酒樓上以飲之希卜蘇聞其私語昵昵若將執己者一躍下樓傍出藩籬之外棄馬而歸其勇蹻如此博諾（原作孟乃）約烏春舉兵世祖至蘇蘇海甸與烏春遇肅宗前戰色埒（原作斜列）希卜蘇佐之東緼縱火煙燄蔽天

本傳是時八月并青草皆焚之我軍隨煙衝擊本紀大敗烏春執博諾以歸本傳大安八年肅宗自國相襲位太祖獲瑪察殺之獻馘於遼本紀遼人賞功穆宗太祖罕都希卜蘇皆爲詳袞焉後與阿里罕原作阿离合懣威泰原作斡帶俱佐薩哈攻埒克原作留可城下之太祖伐遼使領兵千人夾侍左右珠赫店原作出河之役惟希卜蘇之策與太祖合卒破十萬之師挫其軍鋒遂與太宗薩哈等勸進收國元年七月與薩哈杲同日授爲貝勒希卜蘇爲愛滿原作阿買貝勒云天輔七年太宗與希卜蘇居守本傳鄆王昂以兵四千與蘇赫監護諸部降人處之

嶺東就以兵守臨潢府昂不能撫御降人苦之多叛亡者上聞之詔太宗曰比遣昂監徙諸部違命失衆當置重法若有所疑則禁錮之俟師還定議（鄆王昂傳）於是遼人以燕京降宋人約歲幣（本傳）三月甲寅朔世宗生（史作三月依詳校本改）是日將誅昂（本紀參昂傳）希卜蘇謂太宗曰兄弟骨肉以恩掩義甯屈法以全之今國家疊有大慶可減昂以無死若主上有責言以我爲說太宗然之遂杖昂七十拘之泰州而斬蘇赫（昂傳）以聞（本傳）後昂爲平章政事（昂傳）太祖每伐遼輒命希卜蘇居守雖無方面功而倚任與薩哈比侔矣是歲七月薨太祖

班師道病太宗奉迎謁見恐太祖感慟而病轉甚不敢以薨告太祖輒問曰愛滿貝勒今安在太宗紿對曰當即至矣本傳天德二年配饗太祖禮志正隆二年贈開府儀同三司追封曹國公大定三年追封金源郡王謚曰毅武史作忠毅依詳校本改十五年詔圖像衍慶宮薩哈傳依詳校本增子呼沙呼原作鶻沙虎國初有功天會中爲眞定留守子托卜嘉金史本傳

宗亨本名托卜嘉原作撻不也呼沙呼子希卜蘇傳希卜蘇之孫也宗賢傳性忠謹天眷史作天輔依詳校本改初充護衞擒宗磐宗雋有功加忠勇校尉遷昭信校尉尚廄局直長

三年升本局副使丁父憂時宗正官屬例以材選宗亨在選中起復爲烏克遜達原作湫温特宗室將軍改會甯府少尹歷登州刺史改獻州刺史史有澤州定三字依詳校本刪爲特們葛牧使同知北京路轉運使改同史作澤依詳校本改州定國軍節度使海陵南伐以本職領武揚軍都總管金史本傳過淮世宗即位班賜手詔入朝授右宣徽使未幾爲西北路兵馬都統討契丹斡罕原作窩斡令統萬戸富察世傑原作烏延查刺七穆昆兵以爲左翼賊兵來犯世傑奮擊敗之宗亨指畫失宜遂敗回又縱軍士取賊所棄資囊入畜而自有之坐降甯州刺史

宗賢本名色哩原作賽里希卜蘇之孫也從都統杲取中京史作原依詳校本改襲遼帝於鴛鴦濼金史本傳遼主奔西京宗翰追至白水濼不及本紀使達蘭原作撻懶襲耶律瑪格原作馬哥都統使普嘉努原作蒲家奴及色哩等以兵助之普嘉努使色哩舍音原作斜也費摩原作裴蒲呼達原作胡撻達嚕噶原作達魯古色列原作厮列耶律烏舍原作耶律吳十等各率兵分行招諭獲遼留守迪越家人輜重弁降羣牧官穆隆阿原作木盧瓦得馬甚多使逐水草牧之色哩等趨伊德原作業德遂以偏師深入敵邀擊之本傳瓜爾佳薩哈本紀原作撒哈戰沒普嘉努至旺國崖西色哩兵會之本傳乃旋師本紀累

官至左副檢點天眷二年本傳七月兗國王宗雋謀反伏誅本紀凡與宴飲者皆貶削宗磐傳色哩坐奪官爵未幾復官本傳歸宋帝母韋氏及故妻邢氏天水郡王並妻鄭氏喪於江南本紀依詳校本增皇統四年授世襲穆昆轉都點檢封幽國公拜平章政事進拜右丞相兼中書令進拜太保左丞相監修國史罷爲左副元帥復爲太保左丞相左副元帥如故進太師領三省事兼都元帥監修國史出爲南京留守領行臺尚書省事復爲左副元帥兼西京留守再爲太保領三省事復爲左丞相兼都元帥色哩自護衞末十年位兼將相

常感激思自效以報朝廷雖於悼后爲毋黨后專政大臣或因之以取進用色哩未嘗附之皇太子濟安薨魏王道濟死熙宗未有嗣子色哩勸熙宗選後宮以廣繼嗣不少顧忌於后后以此怨之與海陵同在相位未嘗少肯假借海陵雖專史作尊依詳校本改而心憚色哩外以屬尊加禮敬而內常忌之海陵知悼后怨色哩因與后共力排出之色哩亦不以事少變胙王常勝死熙宗納其妻宮中頃之殺悼后及妃數人將以常勝妻爲后未果也及海陵弑熙宗詭以熙宗將以立后召諸王大臣色哩聞召以爲信然將入宮謂人

曰上必欲立常勝妻爲后我當力爭之及被執猶以爲熙宗將立常勝妻而先殺之也曰誰能爲我言者我死固不足惜念主上左右無助爾遂遇害金史本傳

實圖美原作石土門漢字一作神徒門扎蘭原作耶懶路完顏部人世爲其部長父卓巴納原作直离海始祖弟博和哩原作保活里四世孫金史本傳金之始祖諱函普初從高麗來年已六十餘矣兄阿庫納原作阿古迺好佛留高麗不肯從曰後世子孫必有能相聚者吾不能去也獨與弟博和哩俱始祖居完顏部布爾罕原作僕幹水之涯博和哩居扎蘭其後呼實默原作胡十門以哈斯罕原作曷蘇館歸

太祖自言其祖兄弟三人相別而去蓋阿庫納之後實圖美都古嚕訥原作迪古乃博和哩之裔也本紀雖屬同宗不相通問久矣景祖時卓巴納使部人密遜原作邈孫來請復通宗系景祖留密遜歲餘厚其餼廩飲食善遇之及還以幣帛數篚爲贈結其厚意久之扎蘭歲饑景祖與之馬牛爲助羅費使世祖往致之會世祖有疾實圖美日夕不離世祖疾愈辭歸與握手爲別約他日毋相忘實圖美體貌魁偉勇敢善戰質直孝友彊記辯捷臨事果斷世祖襲位交好益深隣部不悅遂合兵攻之實圖美使弟阿索美原作阿斯懣卒二百

人南下拒敵敵兵千人已出其東據高泉實圖美將五十人迎擊之（原作千依詳校本改）敵將阿爾本（原作斡里本）者勇士也出挑戰實圖美射中其馬阿爾本反射射中實圖美腹實圖美拔箭戰愈力阿索美與勇士七人步戰殺阿爾本諸部兵遂敗實圖美遂招諭諸部使附於世祖世祖嘉之後伐烏春烏木罕（本傳）與們圖琿降穆嚕密斯罕（原作米里迷石罕）城獲通恩（原作鈍恩）達薩塔（原作敵庫德本紀）皆以所部從戰有功弟阿索美尋卒及終喪大會其族太祖卒官屬往焉就以伐遼之議訪之方會祭有飛烏自東而西太祖射之矢貫左翼而隧實圖

美持至上前稱慶曰烏鷲人所甚惡今射獲之此吉兆也即以金版獻之後以本部兵從擊高麗及伐遼功尤多王師攻下西京賜以金牌其子察遜原作從蟬蠢行上謂曰吾妃之妹巴克織原作自散在遼俟其獲當以爲汝婦竟如其言上之西征諸將皆從實圖美乃率善射者三百人來衞京師時太宗居守喜其至親出迎勞繼聞黃龍府叛與睿宗討平之賜以奴婢五百人師還賞賚優渥至是卒年六十一正隆二年封金源郡王金史本傳大定閒定亞次功臣圖像衍慶宮十三字依詳校本增子實實思敬金史本傳

都古嚕訥（原作迪古乃）字鄂思歡（原作阿思魁）實圖美之弟太祖器重之（金史本傳）癸巳太祖襲位（本紀）將伐遼而未決也欲與都古嚕訥計事於是宗翰宗幹完顏希尹皆從（本傳）過其家（宏簡錄）居數日少間太祖與都古嚕訥憑肩語曰我此來豈徒然也有謀於汝汝爲我決之遼名爲大國其實空虛主驕而士怯戰陣無勇可取也吾欲舉兵仗義而西君以爲如何都古嚕訥曰以主公英武士衆用命遼帝荒於畋獵政令無常易爲也太祖然之明年遂伐遼使博勒和（原作婆盧火）來徵兵都古嚕訥以兵會師收國元年十二月上禦遼主兵次約

囉原作爻剌本傳會諸將議皆曰遼兵號七十萬其鋒未易當吾軍遠來人馬疲乏宜駐於此深溝高壘以待從之遣都古嚕訥尼楚赫原作銀朮可鎮達嚕噶原作達古魯二年四月乙丑本紀與斡魯芬徹原作蒲察會烏楞古原作斡魯古討高永昌本傳五月擒高永昌以獻戮之本紀東京降遂與烏楞古欒耶律聶哷原作捏里敗之蒺藜山本傳追北至額勒錦原作阿里真遂拔顯州烏楞古傳乾惠等州降天輔二年與羅索原作婁室俱入見上曰遼主近在中京而敢輒來本傳杖之本紀太祖駐軍草濼都古嚕訥取奉聖州破其兵五千於雞鳴山奉聖州降太祖入燕都都古嚕

訥出德勝口代實圖美爲扎蘭路達貝勒天會二年（史無天會字依詳校本增）以扎蘭地斥鹵遷其部於蘇伯水以珠蘇爾（原作术實勒）之田益之熙宗即位加太子太師十四年加保大軍節度使同中書門下平章事薨天德二年配饗太祖廟廷大定二年進封金源郡王（金史本傳）十五年圖像衍慶宮（實實傳謚明毅依詳校本增）

實實（原作習室一作習失）扎蘭河人金源郡王實圖美之子（思敬傳）康宗四年丙戌高麗遣黑歡方石來賀襲位遣博羅（原作孟會）報之高麗約還諸亡在彼者乃使阿古（原作阿聒）雙寬往受之高麗背約殺二使者築九城於海蘭甸

以兵數萬來攻本紀實實從烏色原作斡賽軍金史本傳敗之本紀
太祖攻甯江州實實摧鋒力戰授明安從舍音原作斜也
克中京襲遼主於鴛鴦濼略定山西史無西字依詳校本增敗
夏將李艮輔與羅索原作婁室俱獲遼帝於伊都谷宗翰
伐宋與尼楚赫原作銀术可圍守太原明年攻襄垣下潞
城降西京至汴元帥府以懷孟北阻太行南瀕河控
制險要使實實統十二明安軍鎮撫之於是殄平寇
盜招集流亡四境以安天會四年薨熙宗時贈特進
大定間謚威敏禮志卷三十一作毅武詳校本謂禮志作威敬太廟祫享以
舍音斡魯薩哈實實鄂斯歡配饗太祖禮志世宗思太

祖太宗刱業艱難求當時羣臣勳業最著者圖像衍
慶宮遼王舍音金源郡王薩哈原作撒改遼王宗幹秦王
宗翰宋王宗望梁王宗弼金源郡王希卜蘇原作習不失
金源郡王斡魯金源郡王希尹古原作古新金源郡王羅索
楚王宗雄魯王棟摩原作闍母金源郡王尼楚赫隋國公
阿里罕原作阿离合懣金源郡王完顏忠豫國公普嘉努原作
蒲家奴金源郡王薩里罕原作撒离喝兖國公劉彥宗特進
烏楞古原作斡魯古齊國公韓企先弁實實凡二十一人
初海陵罷諸路萬戶置蘇伯原作蘇濱路節度使世宗時
近臣奏請改蘇伯爲扎蘭節度使不忘舊功上曰蘇

伯扎蘭二水相距千里節度使治蘇伯不必改實圖美親管明安子孫襲封者可改爲扎蘭明安以示不忘其初金史本傳

思敬本名薩哈原作撒改實實弟也史作希卜蘇弟依詳校本改初名思恭避顯宗諱改焉體貌雄偉美鬚髯純直有材幹年十一從其父謁見太祖太祖在納琳原作納鄰淀方獵因詔從獵射黃羊獲之太祖賜以從馬宗翰自太原伐宋從其兄實實攻太原宗翰取河南思敬從完顏和尼原作活女涉河清史作涉渡河依詳校本改河清下洛陽圍汴皆有功師還隸遼王宗幹麾下太宗幸東京溫湯思敬權

護衛押衛卒百人從行領穆昆從征珠格麟原作朮虎麟有功遂充護衛天眷二年以捕宗磐宗雋功遷顯武將軍熙宗捕魚混同江網索絶曹國王宗敏乘醉鞭馬入江手引繫網大繩沈於水中熙宗呼左右救之倉卒莫有應者思敬躍入水引宗敏出熙宗稱歎賞賚甚厚擢右衛將軍襲扎蘭路萬戶授世襲穆昆皇統七年召見賜以襲衣廄馬錢萬貫及歸復遣使賜弓劍是年入爲工部尚書改殿前都點檢無何爲吏部尚書天德初爲報諭宋國使宋人以舊例請觀錢塘江潮思敬不觀曰我國東有巨海而江水有大於

錢塘者竟不往使還拜尚書右丞罷爲眞定尹用廉
封河內郡王徙封鉅鹿丁母憂起復本官改益都尹
正隆二年例奪王爵改慶陽尹大定二年授西南路
招討使封濟國公兼天德軍節度使俄爲西北路都
統史無西字依詳校本增佩金牌及銀牌二西北路招討使唐
古布古岱原作唐括孛古底副之詔布古岱曰爾兵少思敬
未至不得先戰布薩忠義原作僕散忠義敗斡罕原作窩斡於陷
泉詔思敬選新馬三千備追襲斡罕入於奚中思敬
爲元帥右都監以舊領軍入奚地漳格原作張哥宅會大
軍討之敗節度特默原作特末也獲二百餘人賊降將碩

和卓（原作稍合付）與其黨錫勒塔干（原作神獨斡）執斡罕并其母蘇尼妻子弟姪家屬及金銀牌印詣思敬降思敬獻俘於京師賜金百兩銀千兩重綵四十端玉帶廄馬名鷹拜右副元帥經略南邊駐山東罷爲西京留守復拜右副元帥仍經略山東初明安穆昆屯田山東各隨所受地土（史作主依詳校本改）散處州縣（金本史傳）世宗不欲明安穆昆與民雜處欲使相聚以居遣戶部郎中完顏讓往元帥府議（宏簡錄）思敬與山東路總管圖克坦（原作徒單）克寧議曰大軍方進伐宋宜以家屬權寓州縣量留軍衆以爲備俟邊事寧息明安穆昆各使

聚居則軍民俱便還奏上從之其後遂以明安穆昆自爲保聚其田土與民田犬牙相入者互易之三年四月召還京師以爲北京留守賜金鞍勒馬七年召爲平章政事先是省併明安穆昆及海陵時無功授穆昆者皆罷之失職者甚衆思敬思量才用之上從其請九年拜樞密使上疏論五事其一 女直人可依漢人以文理選試其二契丹人可分隸女直明安其三鹽濼官可罷去其四與明安同勾當副千戶官亦可罷其五親王府官屬以文資官擬注教以女直語言文字上皆從之其後女直人試進士瓜爾佳衡原作

夾谷尼瑪哈鑑原作尼圖克坦鎰原作徒單鎰完顏匡輩衡古鑑

由此致宰相思敬啓之也久之上謂思敬曰朕欲修

熙宗實錄卿嘗爲侍從必能記其事蹟對曰熙宗時

内外皆得人風雨時年穀豐盜賊息百姓安此其大

槩也何必餘事上大悦世宗喜立事故其微諫如此

大定十三年薨上輟朝親臨喪哭之慟曰舊臣也賻

贈有加葬禮悉從官給孫吾侃朮特大定二十四年

除明威將軍授蘇伯路寶鄰山明安原作速濱金史本傳

斡魯韓國公和卓原作劾者弟二子金史本傳康宗二年甲申

威泰原作斡帶治蘇伯水原作蘇濱諸部烏色原作斡賽斡魯佐之

定諸部而還久之高麗殺行人阿古雙寬而築九城於海蘭甸烏色傳烏色母疾斡魯代將其兵者數月亦對築九城與高麗抗本傳史有斡魯字冠亦字上依詳校本刪出戰入守烏色因之卒敗高麗宏簡錄收國二年四月詔統諸軍詔字下有斡魯字依詳校本刪與棟摩原作闍母芬徹原作蒲查都古嚕訥原作迪古乃合咸州路都統烏楞古原作斡魯古等伐高永昌詔曰永昌誘脅戍卒竊據一方直投其隙而取之爾此非有遠大計其亡可立待也東京渤海人德我舊矣易爲招懷如其不從卽議進討無事多殺高永昌渤海人在遼爲裨將本傳領兵三千屯東京八甗口見

遼政日衰，妄意非常，乘東京漢人有怨，誘諸渤海并其戍卒入據東京，旬月之間，遠近響應（宏簡錄），有兵八千人，遂僭稱帝，改元隆基。遼人討之，永昌使托卜嘉（原作撻不野）、標哈（原作杓合）以幣求救於太祖，且曰願并力以取遼。太祖使華沙布往諭之曰：同力取遼固可，東京近地，汝輒據之，以僭大號，可乎？若能歸款，當處以王爵。永昌表辭不遜（本傳），乃詔斡魯統內外諸軍伐之。斡魯方趨東京，遼兵六萬來攻照蘇（原作昭散）城，額圖琿（原作阿圖罕）貝勒鄂蘭沙津（原作烏論石準）與戰於伊圖（原作益褪）之地，大破之。五月，斡魯取瀋州，永昌聞而大懼，使家奴道

拉原作鐸剌賚金印銀牌願去名號稱藩宏簡錄斡魯使華
沙布薩巴往報之會渤海高楨降言永昌非眞降者
特以緩師爾進兵進兵上有斡魯字依詳校本刪永昌遂殺華沙布
等率衆來拒遇於鄂爾和原作沃里活水我軍既濟永昌
之軍不戰而卻逐北至東京城下明日永昌盡率其
衆來戰復大敗之遂以五千騎奔長松島初太祖下
甯江州獲東京渤海人皆釋之往往中道亡去諸將
請殺之太祖曰既已克敵下城何爲多殺昔先太師
破敵獲百餘人釋之皆亡去既而招其部人來降今
此輩亡後日當有效用者至是東京人恩勝努仙格

（原作奴先哥）等執永昌妻子以城降即胥江所釋東京渤海人也太師蓋謂世祖云未幾托卜嘉執永昌及道拉以獻皆殺之於是遼之南路係籍女直及東京州縣盡降以斡魯爲南路都統德特（原作迭勃）貝勒留烏珍知東京事詔除遼法省賦稅置明安穆昆一如本朝之制九月（斡魯字依詳校本删）朝於巴喇密特（原作婁魯密）水上慰勞之辛亥幸其第（史作幸斡魯第依詳校本改删）張宴官屬皆預賜賚有差矩威（原作燭偎）水部錫勒哈達（原作實里古達）殺綽哈（原作酬斡）布古德（原作僕忽得）斡魯分和隆果烏珍（原作胡刺古烏春）之兵討之（酬哈宗室子一百三字依詳校本删）至希爾哈（原作石里罕）河錫勒

哈達遯去追及於哈達拉原作合撻剌山誅其首惡四人撫定餘眾本傳下詔嘉獎分其民三百戶爲一穆昆推眾所服者領之仍質其子弟而還宏簡錄天輔六年三月本紀從都統杲斡魯字依詳校本刪襲遼主本傳於鴛鴦濼本紀遼主西走西京已降復叛敵據城西浮圖下射攻城者乃與斡魯字乃字依詳校本改刪哈布爾原作鶻巴魯攻浮圖奪之復以精銳乘浮圖下射城中遂破西京夏國使李良輔史作仁輔依詳校本改將兵三萬來救遼次於天德之境羅索原作婁室與斡魯合軍擊敗之追至野谷殺數千人夏人渡澗水水暴至漂溺者無算遼王在陰山青冢之間

斡魯爲西南路都統往襲之使博爾蘇（原作勃剌淑）薩噶爾瑪克（原作撒曷懣）以兵二百襲遼權六院司喀勒扎於白水濼獲之遼主留輜重於青冢領兵一萬於應州遣卓哩布達（原作照里背荅）各率兵邀之宗望奄至遼主營盡俘其妻子宗族得其傳國璽使使奏捷（斡魯字依詳校本刪）曰賴陛下威靈屢敗敵兵遼主無歸勢必來降已嚴戒鄰境毋納宋人合饋軍糧令尼楚赫（原作銀术可）往代州受之詔徧諭有功將士俟朕至彼當次第推賞遼主戚屬勿去其輿帳善撫存之遼主伶俜去國懷悲負恥恐隕其命孽雖自作而嘗居大位深所不忍如

招之肯來以其宗族付之已遣楊璞徵糧於宋尼楚赫不須往矣遼趙王實訥埒及諸官吏並釋其罪且撫諭之太祖還京師宗翰爲西北西南兩路都統斡魯及普嘉努（原作蒲家奴）副之宗翰朝京師詔以夏人言宋侵略新割地以便宜決之奏曰（斡魯字依詳校本刪）夏人不盡歸戶口資幣又以宋人侵賜地求援兵宋之邊臣將取所賜夏人疆土蓋有異圖詔曰夏人屢求援兵者或不欲歸我戶口沮吾追襲遼主事也宋人敢言自取疆土於夏誠有異圖宜謹守備盡索在夏戶口通聞兩國事審處之斡魯復請弗割山西與宋則遼

主不能與宋郭藥師交通復詔曰宗翰請勿與宋山西地卿復及此疆埸之事當慎毋忽及宗翰等伐宋斡魯行西南西北兩路都統事天會五年薨皇統五年追封鄭國王六年立碑四字依詳校本增天德二年配享太祖廟廷大定八年圖像衍慶宮謚剛烈二十二字依詳校本增子薩巴銀青光祿大夫子色哩金史本傳

烏楞古原作斡魯古貝勒宗室子也金史本傳太祖二年甲午本紀伐遼使烏楞古阿嚕原作阿魯撫諭斡琿原作斡忽集賽原作忽賽兩路係遼女直本傳戰敗遼兵殺節度使托卜嘉原作撻不也宏簡錄古納原作酷輦嶺烏爾圖罕原作阿魯圖罕等十四達哈

藩原作十四大彎皆降本傳復與羅索原作婁室擊遼都統實婁於咸州斬之克其城圖們呼圖原作陁滿忽吐以所部降鄰部戸七千人亦來歸宏簡錄遂與遼將赫伯原作喝補戰破其軍數萬人太祖嘉之以爲咸州軍帥本傳佐斡魯伐高永昌時呼圖克原作胡突古叛入於遼居東京原有南字依詳校本削索之以歸以便宜署爲千戸其無功蘇都哩原作散都魯鄂勒博原作訛魯補亦除以官而無罪穆昆哈布爾原作斛拔魯黃哥原作黃格達希布原作達及保咸解其職宏簡錄太祖聞之盡復哈布爾等穆昆呼圖克等皆罷去又聞烏楞古軍中往往闕馬太祖字依詳校本改削而官馬多匿於私

家遂檢括之耶律聶哷原作捏里佛德遺烏楞古字依詳校本改創書請和烏楞古以聶哷書并所答書來上且請曰復有書問宜如何報之詔曰彼若再來請和汝當以阿蘇等叛亡索而不獲至於交兵我行人薩喇原作賽刺亦不遣還若歸薩喇及送阿蘇等則和好之議方敢奏聞仍恐議和非實無失備禦聶哷軍於蒺藜山烏楞古以兵一萬戍東京太祖使都古嚕訥原作迪古乃羅索復以兵一萬益之詔曰遼主失道肆命徂征惟爾將士常體朕意拒命者討之服者撫安之毋貪俘掠毋肆殺戮所賜聶哷詔書可傳致也詔聶哷曰汝等誠欲

請和當廢黜昏主擇立賢者副朕弔伐之意然後可
議和約不然當盡并爾國其審圖之聶哷復書烏楞
古云降去八赫伯原作痕字見還則當送阿蘇等上曰赫
伯乃交兵後來降阿蘇則平日以罪亡去其事特異
復詔聶哷令此月十三日送阿蘇至顯州各遣重臣
議疆場事本傳本天輔元年紀本烏楞古等攻顯州知東京
事完顏鄂倫原作斡倫以兵來會卽以兵三千先渡遼水
得降戶千餘遂薄顯州郭藥師乘夜來襲鄂倫擊走
之烏楞古遂與聶哷等戰於蒺藜山大敗遼兵追北
至額勒錦原作阿里眞陂獲佛德家屬遂圍顯州攻其城

西南軍士賓都原作神篤踰城先入燒其佛寺煙燄撲入守陴者不能立諸軍乘之遂拔顯州於是乾懿豪徽成川惠等州皆降乾州後爲閭陽縣遼諸陵多在此禁無所犯徙成川人於同銀二州居之聶哆再以書來請和烏楞古承前詔以阿蘇爲言答之駐軍顯州以聽命賜烏楞古等馬十匹詔曰汝等力摧大敵攻下諸城朕甚嘉之遼主未獲人心易搖不可恃戰勝而失備禦本傳二年正月庚寅遼雙州節度使張崇降本紀烏楞古以便宜命復其職仍令世襲烏楞古人在咸州多立功亦多自恣本傳二月和勒博原作劾里保雙寬

原作雙古等言咸州路都統烏楞古知遼主在中京而不進討芻糧豐足而不以實聞攻顯州時所獲牲口財畜多自取本紀聶哷博爾蘇亦告貝勒蒙克原作曹葛瑪奇鄂倫齊遜原作赤閒阿爾本原作阿剌伊喇原作乙剌等多取牲口財畜本傳三月癸未朔命闍格原作闍哥代爲都統而鞫治之本紀烏楞古引伏詔降烏楞古爲穆昆而禁錮鄂倫等初都古魯訥羅索奏攻顯州新降附之民可遷其富者於咸州路貧者徙內地於是詔使闍格擇其才可幹事者授之穆昆其豪右誠心歸附者擬爲明安錄其姓名以聞饑貧之民官振給之而使棟摩原作闍母

爲其副統云久之遼通祺雙遼四州之民八百餘家
詣咸州路都統降上曰遼人賦斂無度民不堪命相
率求生不可失望分置諸部擇善地以處之六年討
賊於牛心山道病卒天眷中贈特進天德二年配享
太祖廟廷本傳大定八年圖像衍慶宮九字依詳校本增十五
年謚莊翼金史本傳
博勒和原作婆盧火安帝五代孫舊居按春水原作安出虎同
時有博勒和者金史本傳監羅索原作婁室軍後爲平陽尹西
南路招討使終慶陽尹宏簡錄博勒和以宗室子可喜傳
事太祖特進達蘭傳二年甲午六月太祖紀伐遼使徵都古

嚕訥原作迪古乃兵本傳九月進軍甯江州次寥晦城博勒和徵兵後期杖之太祖紀後與琿楚原作渾黜以四千人助羅索尼楚赫原作銀朮可攻黃龍府薩里罕原作辭勒罕察必達爾原作敕索得兄弟齊達勒原作直擲里部人嘗寇扎蘭原作耶懶路穆宗遣博勒和討之至阿里瑪原作阿里門河薩里罕僞降略馬畜三百而去本傳復掠沃楞原作兀勒部二十五寨太祖又令往討宏簡錄博勒和渡索歡原作蘇衮河招降旁近因籍丁壯爲軍本傳至特通額原作滕吳特水執寥必達爾殺之弘簡錄博勒和至德里原作特鄰城圍之薩里罕遯去執其妻子薩里罕遂降曰我之馬牛貨財盡

矣何以爲生博勒和與之馬十四齊達勒部產良馬
太祖使赫舍哩原作紇石烈阿實罕原作阿習罕掌其牧畜博
勒和及子博索原作婆速俱爲穆昆天輔五年二月太祖紀
摘取諸路明安中萬餘家屯田於泰州博勒和爲都
統賜耕牛五十太祖取燕京爲右翼兵出居庸關大
敗遼兵遂取居庸關蕭妃遯去都監高陸等來送款
乞降實古納原作石古乃追蕭妃至古北口蕭妃已過三
日不及而還上令博勒和和索哩原作胡實賚率輕騎追
之蕭妃遠去獲其從官統軍察喇原作察刺宣徽扎拉原作
查刺并其家族及銀牌二印十有一及達喇原作迭刺叛博

勒和實古納討平之其羣官率眾降者就使領其所部太宗以空名宣頭及銀牌給之博勒和守邊屢有功太宗賜衣一襲并賜其子博碩(原作剖叔)八年以甲胄賜所部諸穆昆天會十二年加同中書門下平章事天眷元年駐烏爾古德哷(原作烏骨迪烈)部(史作地依詳校本改)薨贈開封儀同三司謚剛毅(本傳)大定間定亞次功臣圖像衍慶宮(依詳校本增)子博碩襲明安天眷二年爲泰州副都統子威泰廣威將軍博索官特進子烏哲庫(原作吾扎忽金史本傳)呼爾哈節度使性聰敏有才智善用軍常出敵之不意故能以寡敵眾而所往無不克號鶻軍云

烏哲

庫傳

棟摩（原作闍母）世祖第九子（金史本傳宏簡錄作第十一子）次室珠格（原作朮虎）氏生（威泰傳目）太祖異母弟也高永昌據東京斡魯往（史作征依詳校本改）伐之命棟摩等爲之佐已克瀋州城中出奔者棟摩邀擊殆盡與永昌隔鄂爾和（原作沃里活）水衆遇淖不敢前獨（史作棟摩依詳校本改削）以所部先濟諸軍畢濟軍東京城下（本傳）其人來戰破之於首山殲其衆獲馬五百匹（宏簡錄）及烏楞古（原作斡魯古）以罪去咸州棟摩代爲副統（依詳校本改削）令色克（原作斜葛）留兵一千鎮守命以餘兵會於渾河至臨潢府先登克其外城又從都統杲

至中京由城西沿土河以進城中兵三千餘皆不能守遂克之（宏簡錄）宗翰等攻西京棟摩羅索等於城東爲木洞以捍蔽矢石於北隅以芻茭塞其隍城中出兵萬餘將燒之温特赫博恰（原作温迪痕蒲匣）率衆力戰執旗者被創博恰自執旗奮擊卻之又爲四輪革車高出於堞棟摩與麾下乘車先登諸軍繼之遂克西京與遼步騎五千戰於朔州之境斬首三百級復敗遼騎三百於河陰遼兵五千屯於馬邑縣南復擊破之驍其營壘盡得其車馬器械遼兵三萬列營於西京之西棟摩以三千擊之使士卒（棟摩字依詳校本刪）皆去馬陣

於溝塹之間曰以一擊十不致之死地不可使戰也謂衆曰若不勝敵不可以求生於是人皆殊死戰遼兵遂敗追至其營而止明日復敗其兵七百餘人與中府宜州復叛棟摩討之并下詔招諭詔棟摩曰遼之土地皆爲我有彼雖復叛終皆吾民可縱其耕稼毋得侵掠貝勒蒙克（原作蒙括）薩布（原作斜鉢）烏達（原作吾撻）等獲契丹糾堅（原作九斤）（本傳）糾堅自殺（本紀）興中平棟摩爲南路都統討和勒博（原作囘离保）詔曰和勒博以烏合之衆保據險阻其勢必將自斃若彼不出掠毋庸攻討耶律阿固齊（原作奥古哲）等殺和勒博於景薊之間其衆遂

潰天會元年張覺以平州叛入於宋棟摩自錦州往討之覺將以兵脅遷來潤隰四州之民棟摩至潤州擊走張覺軍逐北至榆關遣俘持書招之本傳六月壬午本紀復敗覺兵於營州東北欲乘勝進取南京時方暑雨退屯海壖逐水草休息使希呼原作希輝蒙克兩明安屯潤州制未降州縣不得與覺交通九月棟摩破覺將王孝古於新安敗覺軍於樓峰口本傳十月本紀復與覺戰於兔耳山棟摩大敗太宗使宗望問敗軍之狀棟摩字依詳校本刪宗望遂以棟摩軍討覺本傳十一月癸未發廣甯下瀕海諸郡庚午宗望及張覺戰於南京東

大敗之張覺奔宋城中人執其父及其二子以獻遂
之軍中二年正月本紀太宗乃赦棟摩召宗望赴闕五
月本紀棟摩連破偽都統張敦固遂克南京執敦固殺
之上遣使迎勞之詔曰聞下南京撫定兵民甚善諸
軍之賞卿差等以給之又詔曰南京疆場如舊屯兵
以鎮之命有司運米五萬石於廣甯給南京潤州戍
卒遂下宜州拔叉牙山殺其節度使韓慶民得糧五
千石詔以南路歲饑許田獵其後宋童貫郭藥師治
兵棟摩輒因降人知之即具奏而宗翰宗望皆請伐
宋於是棟摩副宗望伐宋宗望以棟摩屬尊先皇帝

任使有功請以爲都統已監戰事已史作以依詳校本改於是棟摩爲都統素赫原作撒喝副之三年十二月本紀敗郭藥師兵於白河本傳藥師戈甲鮮明步武整肅初見亦懼宗望乃東向望日而拜號令諸部而進藥師鏖戰三十餘里張令徽先遁力追之大金國志遂降燕山以先鋒渡河圍汴宋人請盟將士分屯於安肅雄霸廣信之境宗望還山西棟摩與劉彥宗留燕京節制諸軍四年八月本紀復伐宋大軍克汴京史作州依詳校本刪諸軍屯於城上城中諸軍潰而西出者十三萬人棟摩達蘭原作撻懶分擊大敗之師還爲元帥左都監棟摩字依詳校本刪攻河

間下之大破敵兵萬餘於莫州宗輔爲副元帥徇地淄青棟摩與宗弼分兵破山谷諸屯宋李成兵圍淄州烏淩阿原作烏林答托雲原作泰裕破之六年正月本紀棟摩克濰州達呼布珠爾蘇連破趙子昉等兵至於河上烏淩阿托雲破敵於靈城鎮及議伐康王棟摩欲先定河北然後進討太宗乃酌取羣議之中使羅索取陝西宗翰宗輔南伐天會七年史作六依詳校本改薨年四十熙宗時追封吳國王天德二年配享太祖廟廷正隆改封譚王大定二年徙封魯王本傳八年圖像衍慶宮依詳校本增謚莊襄子宗敘金史本傳

宗敍本名德壽棟摩第四子也奇偉有大志喜談兵天德二年充護衞授武義將軍明年授世襲穆昆擢御院通進遷翰林待制兼修起居注轉國子司業兼左補闕正隆初轉符寶郎在宮職凡五年皆帶劒押領宿衞遷大宗正丞以母憂去官以本官起復未幾遷侍衞親軍馬軍都指揮使改左驍騎都指揮使明年海陵幸南京從至汴宗敍字從字依詳校本改刱契丹薩巴反宗敍爲咸平尹兼兵馬都總管以甲杖四千付之許以便宜宗敍出松亭關取牛遞於廣甯金史本傳世宗即位於東京赦令至廣甯安塔哈傳宗敍將歸之廣甯尹安

塔哈弟雅爾堅勸宗敘乃還興中白彥敬本名約索赫舍哩志甯本名薩哈達使宗敘奉表降乃見世宗於梁魚務授甯昌軍節度使明年二月契丹攻甯昌宗敘止有女直渤海騎兵三十漢兵百二十人自將擊之遇賊千餘騎漢兵皆散走宗敘與女直渤海三十騎盡銳力戰身被二創所乘馬中箭而仆遂爲所執居百餘日會賊中有臨潢民伊喇阿達原作移剌阿塔等盜馬授之得脫歸宗敘陷賊久盡得其虛實見元帥完顏默音原作謀衍平章政事完顏元宜謂之曰賊衆烏合無紀律破之易爾於是帥府欲授軍職宗敘見默音貪鹵掠

失事幾欲歸白上不肯受職曰我有機密須面奏是夕乃遁去至廣甯矯取驛馬馳至京師而帥府先事以聞上遣中使詰之曰汝爲節度不度衆寡戰敗被獲幸得脫歸乃拒帥府命輒自乘傳赴都朕姑置汝罪可速還軍併力破賊宗敘附奏曰臣非辭難者事須面奏不得不來遂召入乃條奏賊中虛實及諸軍進退不合事機朕詔大臣議皆以其言爲然是時已召布薩忠義本名烏哲代默音爲元帥進討於是拜宗敘爲兵部尚書以本職領左翼都統率宗甯烏雅扎拉四字依詳校本削烏淩阿原作烏林答喇實原作剌撒兵各千號三萬佐忠

義軍至和托原作花道遇賊與戰左翼都統史作右依詳校本改宗
亨本傳指畫失宜宗亨傳先敗走忠義亦引卻宗敘勒本
部遮擊之麾帳下士三百捨馬步戰賊不得逞大軍
整列復至合勢擊之賊遂敗去而元帥右監軍赫舍
哩志甯率軍至追及斡罕原作窩斡於陷泉本傳整兵環攻
烏雅扎拉傳大破之復與志甯及圖克坦原作徒單克甯追至
七渡河大敗之本傳斡罕平烏雅扎拉傳入為右宣徽使宋
兵據海州將謀深入詔以宗敘為元帥左監軍往禦
之本傳因駐山東分兵據守要害敵不得西宏簡錄尋奉
詔與赫舍哩志甯參議軍事本傳四年入朝宏簡錄奏曰

暑月在近頓兵邊陲飛輓頗艱乞俟秋涼進發上從其請及還軍賜襲衣弓矢本傳九月渡淮引兵出唐鄧至襄陽屢戰皆捷明年宋人請和軍還除河南路統軍使河決李固渡分流曹單之間詔遣都水監梁肅視河決宗敘言河道塡淤不受水故有決溢之患今欲河復故道卒難成功幸而可塞他日不免決溢山東非曹單比也沿河數州縣興大役人心動搖恐宋人乘閒煽誘搆爲邊患梁肅亦請聽兩河分流以殺水勢遂止不塞本傳是年求入見言邊事上使修起居注鈕祜祿額特埒原作粘割幹特剌就宗敘問狀宗敘言得

邊報及宋來歸者言宋國調兵募民運糧餉完城郭
造戰船浮橋兵馬移屯江北自和議後即罷制置司
今復置矣商虢海州皆有姦人出沒此不可不備嘗
報樞密院彼視以爲文移故欲入見言之魏子平傳 額特
埒詰之皆無狀還報額特埒傳 十年召至京師拜參知政
事上曰卿奏黄河利害甚合朕意朕念百姓差調官
吏爲姦率斂星火所費倍蓰委積經年腐朽不可復
用若此等類百孔千瘡百姓何以堪之卿參朝政擇
利而行以副朕心及與上論南邊事宗敘曰南人遣
諜來多得我事情我遣諜人多不得其實蓋彼以厚

賞故也上曰彼以厚利資諜人徒費其財何能爲也

八月奉詔巡邊史作十一年世宗紀在十年八月今依紀十一年世宗紀六月至軍中將戰有疾詔以右丞相赫舍哩志甯代宗敘還七月甲申世宗紀病甚遺表朝政得失及邊防利害力疾使其子上之薨年四十六上見其遺表傷悼不已輟朝遣宣徽使敬嗣暉致祭賻銀千兩重綵四十端重字依詳校本增絹四百匹上謂宰臣曰宗敘勤勞國家他人不能及也初宗敘嘗請募貧民戍邊屯田給以廪粟既貧者無艱食之患而富家免更代之勞得專農業上善其言而未行也十七年上謂宰臣曰戍

邊之卒冒寒暑往來番休以馬牛往戍往往皆死且奪其農時敗其生業朕甚憫之朕欲使百姓安於田里而邊圉彊固卿等何術可以致此左丞相良弼曰邊地不堪耕種不能久戍所以番代耳上曰卿等以此急務爲末耶往歲參政宗敘爲朕言此事若宗敘可謂盡心於國者矣今以兩路招討司烏庫哩實壘部族臨潢泰州等路分置堡戍詳定以聞朕將親覽上追念宗敘聞其子孫家用不給詔賜錢三千貫明昌五年配享世祖廟廷金史本傳

羅索原作婁室字斡里雅原作斡里衍完顔部人年二十一代

父布達原作白荅爲七水諸部長太祖克甯江州使羅索招諭係遼籍女直降伊騰伊罕原作移熾益海路達哈藩卓勒原作蒲馬大彎照撒等敗遼兵於布爾罕原作婆剌赶山復敗遼兵擒兩將軍既而伊克原作益改尼瑪蘭原作捺末懶兩路皆降進兵咸州克之諸部相繼來降獲遼北女直係籍之戸金史本傳收國元年正月丙子遼都統耶律鄂爾多原作訛里朵以二十餘萬衆來戍邊太祖趣達嚕噶原作達魯古城次甯江州西召羅索羅索見上於軍中上見羅索馬多疲乏以三百給之使隸右翼史作左依碑文改宗翰軍本傳庚子進師有火光正圓自空而墜上曰此祥徵

殆天助也酹白水而拜將士莫不喜躍進逼達嚕噶城上登高望遼兵若連雲灌木狀顧謂左右曰遼兵心貳而情怯雖多不足畏遂趨高阜爲陣宗雄以右翼先馳遼左軍左軍卻左翼出其陣後遼右軍皆力戰（太祖紀）與尼楚赫（原作銀术可）縱兵衝其中堅凡九陷陣皆力戰而出復與尼楚赫戍邊及九百奚營來降則與尼楚赫攻黃龍府上使完顏琿楚（原作渾黜）博勒和（原作婆盧火）實古納（原作石古乃）以兵四千助之敗遼兵萬餘於白馬濼（本傳）功皆論最（本紀）宗雄等下金山縣使羅索分兵二千招沿山逃散之人（本傳）與烏楞古（原作斡魯古）破耶

律聶哷（原作揑里）軍於蒺藜山取顯州九月克黃龍府（太祖紀）第功（古雲傳）賜誓券恕死罪（碑文）羅索請曰黃龍府一都會且僻遠苟有變易與鄰郡相扇而起請以所部屯守太祖然之仍合諸路穆昆命羅索爲萬戶守黃龍府進都統從杲取中京與希尹（原作古新）等襲走遼魯（原作迪六）伊勒希等敗奚王錫默（原作霞末）降奚部西節度使額哩哷（原作訛里剌）遼主自鴛鴦濼西走羅索等追至白水濼獲其內庫寶物羅索遂與棟摩（原作闍母）攻破西京復與棟摩至天德雲內甯邊東勝其官吏皆降獲阿蘇（原作阿疏）夏人救遼兵次天德羅索使托紐（原作突撚）布當

原作補擷以騎二百爲候兵夏人敗之幾盡額圖琿原作阿土罕復以二百騎往遇伏兵獨額圖琿脫歸時久雨諸將欲且休息羅索曰彼再破吾騎兵我若不復往將以我爲怯即來攻我矣本傳亟選千騎與弟巴爾斯原作拔离速及寶實原作習失往斡魯壯其言從之宏簡錄羅索遲明出陵野嶺留巴爾斯以兵二百據險守之獲生口問之其帥李良輔也將至野谷史無谷字依詳校本增登高望之夏人恃衆而不整方濟水爲陣乃使人報斡魯羅索分軍爲二迭出迭入進退轉戰三十里過宜水與斡魯合擊敗之遼都統達實原作大石犯奉聖州壁龍門

東二十五里羅索卓哩（原作照里）馬和尚生獲達賓其衆
遂降遼必哷哩（原作闍里剌）守奉聖州棄城遯去後與宗
望追遼帝羅索芬徹（原作蒲察）以二十騎候敵敗其軍三
千人於三山有千人將趨奉聖州芬徹復敗之擒其
主帥而還夏人屯兵於哈屯（原作可敵）館宗翰遣羅索戍
朔州築城於霸德山西南二十里遂破朔州西山兵
二萬擒其帥趙公直其後復襲遼帝於伊都谷獲之
賜鐵券惟死罪乃笞之餘罪不問尼楚赫圍太原宋
統制劉臻救太原率衆十萬出壽陽羅索擊破之繼
敗宋兵數千於榆次宋張灝軍出汾州巴爾斯擊走

之灦復營文水羅索及托克索原作突葛速巴爾斯與戰灦大敗宗翰定太原羅索取汾石二州及其屬縣溫泉方山靈石史作离石依碑文改靈石屬今汾州碑文是芬徹降壽陽取平定及樂平復招降遼州及榆社遼山和順諸縣宗翰趨汴州使羅索自平陽道先趨河南曰若至澤州與色哩原作賽里博勒和實實原作習失遇當與俱進實實之前軍薩喇達原作謀合三敗宋兵三千於襄垣遇伏兵二千又敗之薩喇達破天井關復破步兵於孔子廟南遂降河陽羅索軍至既渡河遂薄西京城中兵來拒戰實實逆擊敗之西京降羅索取偃師永安軍鞏縣

降薩喇達敗宋兵於汜水於是滎陽滎澤鄭州中牟
相次皆降宗翰已與宗望會軍於汴使羅索率師趨
陝津攻河東郡縣之未下者烏爾圖罕敗敵於河上
桑阿撒（原作撒按）敗敵於陝城下呼沙呼（原作忽沙渾）降虢州守
陴卒三百人遂克陝府賓古納桑袞破陝之散卒於
平陸西北和尼（原作活女）別破敵於平陸羅索破蒲解之
軍二萬盡覆之安邑解州皆降遂克河中府降絳慈
隰石等州宗翰往洛陽使羅索取陝西敗宋將范致
虛軍下同華二州克京兆府獲宋制置使傅亮遂克
鳳翔（本傳）宗翰命羅索專事陝西以博勒和繩果（原作勝額）

監戰遇敵於蒲城及同州臨眞皆破之進克丹州延安府遂降綏德軍及靜邊懷遠等城寨十六復破青澗城宋安撫使折可求以麟府豐三州及晉甯所部九寨皆降惟晉甯久不下規其城中無井日取河水爲飲東決其渠泄之城中始困宏簡錄李位石乙啟郭門降諸將率兵入城守將徐徽言據子城戰三日衆潰徽言出奔獲之使之拜不聽臨之以兵不爲動縶之軍中使先降者諭之使降徽言大罵與統制孫昂皆不屈乃并殺之遂降定安堡渭平寨及鄜坊二州於是羅索博勒和守延安折可求屯綏德芬徹遂守

蒲州延安鄜坊州皆殘破人民存者無幾羅索置官府輯安之別將鄂倫原作斡論降建昌軍京兆府叛羅索復討平之本傳進兵降乾州克邠州軍於京兆宏簡錄羅索經略陝西所下城邑叛服不常其監戰阿里布請益兵帥府會諸將議曰兵威非不足綏懷之道有所未盡誠得位望隆重恩威兼濟者以往可指日而定若以皇子右副元帥宗輔往爲宜詔曰羅索往者所向輒克今使專征陝西淹延未定豈倦於兵而自愛耶闕陝重地卿等其勠力焉太宗紀於是睿宗以右副元帥總陝西征伐時羅索已有疾睿宗與張浚戰於

富平宗弼左翼軍已卻羅索以右翼力戰軍勢復振張浚軍遂敗睿宗曰力疾鏖戰以徇王事遂破巨敵雖古名將何以加也以所用犀玉金銀器及甲冑并馬七匹與之本傳天會八年十二月丁丑薨太宗紀贈東甯軍節度使兼侍中加太子太師皇統元年贈開府儀同三司追封莘王以正隆例改贈金源郡王本傳大定十六年圖像衍慶宮明年大祫配享太宗廟廷禮志謚莊義子和尼默音賓古納金史本傳同時同名羅索者凡有十依詳校本增羅索有大功默音傳最先封傳贊他人不能及也宗敘傳

和尼原作活女年十七從攻甯江州力戰創甚扶出陣閒太祖憑高望見問之知是羅索子親撫慰賜藥歎曰此兒他日必爲名將金史本傳收國元年八月太祖紀攻濟州敗敵八千宏簡錄與敵遇於信州伊喇本原作移刺本陷於陣和尼力戰出之敵遂北敗耶律佛德原作佛頂等兵於瀋州及宗翰以兵襲奚王錫默原作霞末和尼以兵三百敗敵二千從攻伊實原作乙室破其二營塔喇迭原作迭刺部族叛率二穆昆突入大破之從羅索圍太原和尼字依詳校本宋將种師中以兵十萬來援和尼擊敗之本傳斬師中於殺熊嶺尼楚赫傳大軍至河無船不得渡羅索遣和

尼循水上下率軍三百和尼字依詳校本刪自孟津而下度其可渡遂引軍以濟大軍於是皆繼之宋將郭京出兵數萬趨羅索營和尼從旁奮擊敵亂遂破之師還破敵於平陸渡得其船以濟又以兵破敵於張店原時屯留太平翼城皆有重敵並破之又分兵取陝西蒲州降本傳即留鎮之攻鳳翔先登宗輔定陝西以爲都統進攻涇州敗王開山以兵拒歸路邀戰再擊敗之遂降京兆鳳翔諸縣宏簡錄羅索卒於涇州羅索碑襲哈濟原作合扎明安代爲黃龍府路萬戶天眷三年爲元帥右都監遷左監軍元帥府罷改安化軍節度使歷京

兆尹封廣平郡王以正隆例改封代國公進封隋國公謚貞濟年六十一金史本傳大定閒定亞次功臣圖像衍慶宫依詳校本增

默音原作謀衍羅索次子宏簡錄勇力過人善用長矛突戰天眷閒充牌印祗候授顯武將軍擢符寶郎皇統四年其兄和尼襲濟州路萬戶以親管沃濟原作奧吉明安讓默音朝廷從之權濟州路萬戶八年爲元帥右都監天德三年爲順天軍節度使歷河閒臨潢尹數月改博索原作婆速路兵馬都總管薩巴原作撒巴反默音往討之是時世宗爲東京留守自將討括里還遇默音於

常安縣盡以甲士付之世宗還東京完顔福壽高忠建率所部南征軍亡歸東京金史本傳皆公言於路曰我輩今往東京立新天子矣海陵紀默音自長安率兵五千世宗紀世宗來附即以臣禮上謁本傳因率諸將吏民勸進宏簡錄世宗即位拜右副元帥本傳命伐白彦敬本名赫舍哩志甯本名薩哈達於北京遇其衆於建州之境皆不肯戰二八遂降二一年正月默音率諸軍討斡罕原作窩斡屯兵懿州慶雲縣及川州武平縣奏請糧運并護送兵仗詔以南征逃還軍往就如不足量於富家簽調率諸軍將會濟州時賊新敗於泰州獲其諜者知敵

將由別路邀糧運遂分軍往迎之以貪鹵掠不復追
敵得縱去宏簡錄遂涉懿州界陷靈山同昌惠和等縣
竄取北京西攻三韓縣惟克甯追躡默音託馬弱引
還懿州上聞之下詔切責本傳曰朕委卿等討賊乃聞
不就賊趨戰而駐兵閑緩經涉累月雖經追襲不由
水草之地以致馬足疲弱不能百里而還後雖破賊
又縱諸軍劫掠數日後方追北霧淞河輒復引還賊
遂入涉內地北京懿州由此受兵朕欲重譴以方任
兵事且圖後功當盡心一力毋得似前怠弛合史本紀以
布薩忠義本名烏哲爲右副元帥代之默音子色克原作斜哥

橫暴軍中詔勒歸本貫默音至京師以爲同判大宗
正事世宗責之曰朕以汝爲將汝不追賊當正汝罪
以汝父羅索有大功特免汝死汝雖非宗室而授此
職汝其勉之未幾率賓路軍士珠勒呼里古原作朮告色
克寄書與默音謀反有司并上其書世宗察其誣詔
鞫告者珠勒呼款伏遂誅之召默音謂之曰人有告
卿子爲反謀者朕知卿必不爲此今告者果自服罪
宜悉此意初斡罕方熾上使温特赫迪罕原作温阿嚕岱
魯帶原作阿守古北口及斡罕敗於陷泉入於奚中率諸
奚攻古北口阿嚕岱因其妻生日輒離軍中六十里

賊衆聞之來襲殺傷士卒甚衆阿嚕岱坐除名詔默音芬徹原作蒲察烏里雅富察原作蒲察通以兵三千會舊屯兵擊之擒賊黨明安和卓原作合住未幾斡罕平乃還七年出爲北京留守上御便殿賜食及御服衣帶佩刀謂之曰以卿故老欲以均勞逸故授此職卿其勉之改東京留守封榮國公大定十一年薨年六十四默音性忠厚善擊毬射獵時論以爲雖智略不及其父而勇敢肖之云金史本傳

實古納又名仲原作石乃古羅索之幼子也阿蘇傳體貌魁偉通女直契丹漢字本傳斡魯愛其才欲使通吏事每

視事常令在左右宏簡錄遇事輒問之應對如響斡魯歎曰此子必爲令器皇統初充護衛授世襲穆昆天德元年攝其兄和尼濟州萬戸部內稱治除濱州刺史以母憂去官起復知積石軍事轉同知河南尹正隆六年伐宋爲神勇軍副都總管與大軍北還除同知大興尹將兵二千益遵化屯軍備契丹遷西南路招討使兼天德軍節度使政尙忠信決獄公平番部不敢寇邊召爲左副都點檢宿衛嚴謹每事有規矩後來者守其法莫能易也世宗嘗謂侍臣曰實古納入直朕寢益安五年宋人請和爲姪國不稱臣仲爲

報問使仲請與宋主相見禮儀世宗曰宋主親立起接書則授之乃至宋一一如禮正隆用兵宋人執商州刺史完顏守能以歸至是仲取守能與俱還上嘉之轉都點檢兼侍衞親軍都指揮使遷河南路統軍使上曰卿在禁近小心畏愼河南控制江淮爲國重地卿益勉之賜廏馬金帶玉吐鶻後有罪後字史作復依詳校本改解職久之起爲西北路招討使改北京留守卒金史本傳

哈里原作海里羅索族子體貌豐偉善用矟羅索爲黃龍府萬戶哈里從徙於舒吉鄂摩原作孰吉訛母從羅索追及

遼主於朔州阿敦山遼主從數十騎遁去羅索遣哈里及珠敦（原作朮得）往見遼主諭之使降遼主已窮蹙待於阿敦山之東羅索因獲之賞哈里金五十兩銀五百兩幣帛二百匹綿三百兩睿宗經略陝西哈里戰郤吳玠軍於涇邠之南尋遣修棧道宋人恐棧道成以兵來拒破其兵賞銀百五十兩奴婢十人天眷元年擢宿直將軍與定宗磐之亂再遷廣威將軍除都水使者改西北路招討都監歷復州灤州刺史伊囉斡（原作耶盧椀）羣牧使塔喇（原作迭刺）部族節度使同知大興尹兼中都路兵馬都總管改武甯軍節度使廣甯尹

卒年六十二金史本傳

尼楚赫原作銀朮可宗室子太祖嗣位金史本傳二年甲午太祖紀使普嘉努原作蒲家奴如遼取阿蘇原作阿疏事久不決乃使實古納原作習古迺尼楚赫繼往當是時遼主荒於政事上下解體尼楚赫等還具以遼政事人情告太祖且言遼國之狀本傳雖取遼之策卒定於都古嚕訥迪古乃傳贊其始謀克實傳蓋自尼楚赫等發之本傳太祖與耶律鄂爾多原作訛里朵戰於達嚕噶城原作達魯古破遼兵二十餘萬語見羅索傳宏簡錄收國二年分雅達納阿拉原作鴨撻阿懶所遷穆昆二千戶以尼楚赫爲穆昆屯甯江

州遼大册使實訥坶（原作習泥烈）遣囘約以七月半至而盡九月實訥坶未來上使諸軍過江屯駐遼伊喇（原作曳剌）滿達（原作麻答）十三人兵士八人縱火於渾河以絶芻牧尼楚赫獲之乃知遼邊吏伊蘇（原作乙薛）使之太祖命釋之從都統杲取中京（本傳）與實古納芬徹（原作蒲察）哈布爾（原作胡巴魯）率兵三千擊奚王錫默（原作霞末）於京西七十里錫默棄兵遯遼主西奔天德尼楚赫以兵絶其後遼主遂見獲（宏簡錄）後從宗翰伐宋圍太原宗翰進兵至澤州及宗翰還西京太原未下皆命尼楚赫留兵圍之（本傳）宋樊夔施詵高豐等軍來救太原分據近部

尼楚赫與實實（原作習失）博囉（原作孟魯）烏蘇（原作完速）大破之索羅希（原作索里乙室）破宋兵近縣已降援兵復入據太谷祁縣阿古喇（原作阿鶻懶）巴爾斯（原作拔离速）仍拔取之豫攻种師中使鄂倫（原作斡論）破其軍薩喇圖（原作撒里土）又敗宋軍於回馬口太原已定復攻克汴城師還降苛嵐甯化等軍拔嵐州招降火山軍賜鐵券又取鄧州殺其將李操等擒轉運使劉吉鄧州通判王彬宗翰會伐康王使獨守太原（宏簡錄）天會十年爲燕京留守十三年致仕加保大軍節度使同中書門下平章事遷中書令封蜀王（本傳）天眷三年四月癸丑薨（熙宗紀）年六十八

以正隆例贈金源郡王（本傳）天德三年（依詳校本增）配饗太宗廟廷大定十五年謚武襄改配饗太祖廟廷（本傳）弟

瑪奇（原作麻吉）巴爾斯（宏簡錄）子古雲（金史本傳）

古雲（原作穀英）本名達蘭（原作撻懶）幼警敏有志膽初丱角太祖見而奇之年十六父尼楚赫授以甲使從伐遼常爲先鋒授世襲穆昆（金史本傳）伐宋守太原圍皆在行間屢有功（宏簡錄）宋兵數萬救太原至南關尼楚赫與弟巴爾斯（原作拔离速）完顏羅索（原作婁室）等擊之當隘巷間一卒揮刀向巴爾斯古雲以刀斷其腕一卒復從旁以槍刺之古雲斷其槍追殺之拔太原下河東諸州攻

汴京皆有功與都統瑪武原作馬五徇地漢上至上蔡以先鋒破孔家軍睿宗攻開州古雲先登流矢中其口睿宗親視之創未愈親起之攻大名府第功宗弼第一古雲次之攻東平古雲居最巴爾斯襲宋康王於揚州古雲爲先鋒巴爾斯追宋孟后於江南古雲前行趨潭州宋大兵在常武以選兵古雲字依詳校本刪薄其城敗千餘人明日城中出兵來戰以五百騎古雲字依詳校本刪敗之獲馬二百匹遂攻常武巴爾斯以諸軍爲大陣居其後古雲以五百騎爲小陣當前行卽麾兵馳宋軍宋軍亂遂大敗之本傳其周旋進退皆有法則巴爾

斯歎賞之（宏簡錄）其後河東郡縣多叛古雲以先鋒攻絳州克之復攻沁州飛礟擊其右脅昇歸營中諸軍攻沁州三日不能下别將固納（原作骨赧）强起古雲指麾士卒遂克之攝河東路都統從左監軍伊喇（原作移剌）伊都（原作余睹）招西北諸部將騎（古雲字依詳校本刪）三千五百平其九部獲生口三千馬牛羊十五萬以先鋒破宋吳山軍再戰再勝遂衄宋兵於隘死者不可勝計宋兵遯去宗弼再取和尚原仍以本部破宋兵（兵字依詳校本增）五萬人奪新叉口留兵守之是夜大雪道路皆冰宋兵勢重不可徑取（本傳）宗弼用其策自傍近高山叢薄閒

入出其不意遂取和尙原請速入大散關宗弼止之古雲先攻仙人關不止宗弼以刀背擊其兜鍪使之退宏簡錄古雲曰敵氣已沮不乘此而取之後必悔矣已而果然宗弼歎曰旣往不咎乃班師古雲殿且戰且卻遂達秦中齊國初廢元帥右監軍薩里罕原作撒离喝馳驛撫治諸郡至同州故齊觀察使李世輔出迎陽墜馬稱折臂舁歸薩里罕入城世輔詐使通判獻甲以壯士十人被甲上廳事世輔自壁後突出執薩里罕古雲方索馬於外變起倉卒不得入城門已閉皆有兵衞至東門適哈達原作達雅領騎三十餘與古雲

遇遂斬門者出而世輔擁衆自西門出古雲因與哈
達襲之一進一退以綴世輔使不得速世輔處救兵
至乃要薩里罕與之盟勿使追之留薩里罕於道側
古雲識其聲與騎而歸除安遠大將軍攝太原尹四
境咸治兼攝河東南北兩路兵馬都總管朝廷以河
南陝西與宋已而復取之師至耀州宋人每旦出城
張旗閱隊抵暮而還道隘敵不得逞古雲請兵五百
薄暮先令五十人趨山巔令之曰旦日覘敵出舉幟
指其所向乃以餘兵伏山谷閒明日城中人出閱如
前山巔旗舉伏兵發宋兵爭馳入城古雲麾軍登城

拔宋幟立金旗幟本傳宋兵内外望見皆降宏簡錄宋吳璘史作玠依詳校本改擁重兵據涇州涇原以西多應之元帥薩里罕欲退守京兆侯河南河東軍古雲曰我退守吳璘必取鳳翔京兆同華據潼關吾屬無類矣薩里罕曰計將安出古雲曰事危矣不如速戰我陣涇原之南原宋兵必自西原來古雲與錫卜察原作斜各補出以選騎五百擢其兩翼元帥當其中擊之可以得志監軍巴爾斯曰二子當其左右巴爾斯願當其中元帥據岡阜多張旗幟爲疑兵可以得志薩里罕從之吳璘兵果自西原來古雲錫卜察擊其左右自旦至

午吳璘左右軍少退巴爾斯當其前衝擊之遂敗璘軍僵尸枕藉大澗皆滿自此蜀人喪氣不敢復出關陝遂定歷行臺吏部工部侍郎從宗弼巡邊遷刑部尙書轉元帥左都監天德二年遷右監軍元帥府罷改山西路統軍使領西北西南兩路招討兵馬坐無功降臨海軍節度使歷平陽太原尹正隆末爲中都留守兼西北面都統討契丹薩巴（原作撒八）駐軍歸化州世宗卽位於遼陽使古雲姪阿爾法（原作阿魯瓦）持詔往命古雲爲左副元帥（本傳）就宣大定改元赦於西南西北招討司調河東河北山東諸路州鎭明安軍屯京

畿詔至二字依詳校本增古雲猶豫未決士卒皆欲歸附乃不得已受詔下令諸路亟泥馬槽二萬具然後遣人宣赦諸路聞之以爲大軍且至故皆聽命宏簡錄大定元年十一月古雲以軍至中都同知留守璋請至府議事古雲疑璋有謀乃陽許諾排節仗若將往者遂率騎從出施仁門駐兵通州見世宗於三河詔古雲依詳校本削以便宜規措河南陝西山東邊事二年正月至南京遂復汝潁嵩等州縣授世襲明安入拜平章政事罷爲東京留守未行改濟南尹初古雲宿將恃功在南京頗黷貨不恤軍民詔使問以邊事古雲不答

謂詔使曰爾解何事待我到闕奏陳及召入竟無一
語及邊事者在相位多自專己所欲輒自奏行之除
留守輒忿忿不接賓客雖近臣往亦不見上怒遂改
濟南上數之曰朕念卿父有大功於國卿舊將亦有
功故改授此職卿宜知之若復不悛非但不保官爵
身亦不能保也古雲頓首謝久之改平陽尹致仕起
爲西京留守以母憂去官尋以本官起服俄復爲東
京歷上京詔曰上京王業所起風俗日趨脆薄宗室
聚居號爲難治卿元老大臣衆所聽服當正風俗檢
制宗室持以大體十五年致仕久之史臣上太宗睿

宗實錄上曰當時舊人親見者惟古雲在詔修撰溫特赫原作溫迪罕提克德原作締達往北京就問之多所更定焉薨年七十四最前後以功被賞者十有一金為兩二百五十銀為兩六千五百絹為匹八百綿為兩二千馬三百十有四牛羊六千奴婢百三十八金史本傳

瑪奇原作麻吉尼楚赫之母弟也年十五隸軍中從破高麗兵下甯江州平係遼女直克黃龍府皆身先力戰以功為穆昆繼領明安破奚兵千餘自烏楞古原作斡魯古攻下咸信瀋州及東京諸城瑪奇皆有功都統杲取中京與素赫原作稍合和碩台原作胡拾達別降綽里特原作

楚迪部屯兵高州以兵援蒙克原作蒙刮貝勒大破敵兵里

復敗恩州兵五萬人討平遼人聚中京山谷者降三

千餘人戰於高州境上伏矢射之中目遂卒瑪奇大

小三十餘戰所至皆捷皇統中贈銀青光祿大夫謚

毅敏子烏色金史本傳

烏色原作沃測年十七隸軍中從巴爾斯原作离速拔擊遼將

瑪武原作馬五敗之瑪奇死領其職宗望伐宋至河上宋

兵屯於河外以二舟來伺我師乃遣烏色率勇士數

輩以一舟往迎之盡俘以還襲康王於江淮間烏色

皆與焉師還駐東平及廢齊屯兵河北招降旁近諸

營多獲畜產兵仗軍帥嘉之賞以甲馬從攻陝西爲右翼都統攻城破敵皆與有功師還正授穆昆遷華州防禦使屬關中歲饑盜賊充斥烏色募兵討平之部以無事郡人列狀丐留不報俄遷德埒勒原作部迪列族節度使改塔喇原作迭剌部用廉入爲都水使者秩滿同知燕京留守事爲西北路招討使薩巴原作撒八秩滿已數月冒其俸祿不卽解去烏色發其事薩巴反烏色遇害金史本傳

巴爾斯原作拔离速尼楚赫弟天輔六年宗翰在北安州將會舍音原作斜也於奚王嶺遼兵奄至古北口使博勒

和（原作婁盧火）琿楚（原作渾黜）各領兵二百擊之琿楚請濟師宗翰欲自往希尹（原作古新）羅索（原作婁室）曰此易與耳請以千人爲公破之琿楚以騎三十人前行至古北口遇其遊兵逐入山谷遼人以步騎萬餘迫戰亡騎五人琿楚退據關口希尹羅索至巴爾斯烏木罕（原作訛謀罕）呼實罕（原作胡實海）摧鋒奮擊大破之斬馘甚衆盡獲甲冑輜重希尹與薩拉葛圖（原作撒里古獨）費摩（原作斐滿）托紐（原作突撚）敗其伏兵殺千餘人獲馬百餘匹（金史本傳）遂與宗翰至奚王嶺期會於羊城濼天會四年克太原巴爾斯爲管勾太原府兵馬事復與羅索敗宋兵於文水遂

從宗翰圖汴與尼楚赫略地襄鄧入均州還攻唐蔡陳三州皆破之克潁昌府遂與托雲原作太裕瑪武襲宋康王於揚州康王渡江入於建康天會十五年遷元帥左都監宗弼再定河南薩里罕原作撒离喝經略陝西至涇州巴爾斯大破宋軍於渭州渭州德順軍皆降陝西平遷元帥左監軍加金吾衛上將軍卒謚敏定金史本傳大定間定亞次功臣圖像衍慶宮十三字依詳校本增

實古納原作習古迺亦書作實古迺金史本傳昭祖之孫宏簡錄嘗與尼楚赫原作銀朮可俱往遼國取阿蘇原作阿疎還言遼人可取之狀太祖始決意伐遼矣本傳從太祖拒遼兵

使與尼楚赫鎮守達嚕噶城（原作達魯古）及取居庸關使往追蕭妃不及久之為臨潢府軍帥討平塔喇（原作迭刺）其羣臣率衆降者請使就領諸部太宗賜以空名宣頭及銀牌俾以便宜授之（宏簡錄）獲遼許王索囉（原作莎羅）駙馬都尉蕭伊遜（原作乙辛）遼梁王雅里（依詳校本移上）在哈里（原作紇里）水自立不知果在何處至是始知之於是徙遼降人於泰州時暑未可徙實古納請姑處之嶺西及實古納築新城於契丹珠敦城（原作周特）詔置會平州烏庫哩（原作烏虎里）部迪里（原作迪烈）華沙（原作劃沙）率部族降朝廷以托卜嘉（原作撻僕野）為本部節度使烏琿（原作烏虎）為都監

實古納封還本傳宣誥以便宜各授散官填空名告身付之轉錄降附有勞故官八百九十三人宏簡錄朝廷從之於是迪里加防禦使爲本部節度使華沙加諸司使爲節度副使知達魯特原作迪烈底部事達勒達原作撻离答加左金吾衞上將軍節度副使知圖吉原作突鞠部事阿實克原作阿枲加觀察使爲本部節度使其餘遷授有差以巴噶城原作龐葛之地分賜烏庫哩達魯特二部及契丹人其未墾者聽任力占射久之領咸州煙火事天會六年史作天輔依詳校本改完顏愼思所部及其餘未置明安穆昆戶口命實古納具籍以上天會十年改

南京路軍帥司爲東南路都統司實古納爲都統移治東京鎮高麗本傳授上京世襲明安終東京留守子宏簡阿嚕岱原作阿魯帶皇統初北伐有功拜參知政事錄

# 吉林通志卷七十七

## 人物志六　金五

阿里罕　鄂倫

宗甯　宗尹

宗道　宗雄

阿林　安塔哈

舍音　昂

阿里罕原作阿离合懣景祖第八子也金史本傳次室溫特赫氏生昭肅皇后傳健捷善戰年十八本傳值世祖擒拉必原作臘醅瑪察原作麻產穆棱原作暮稜水人尚反側不自安令往撫察

之又與薩布（原作斜鉢）攻烏木罕（原作窩謀罕）從薩哈（原作撒改）討平埒克（原作留可）其功居多（宏簡錄）穆宗九年蕭哈里叛入於係案女直阿克占（原作阿典）部遣其族人額特埒（原作斡達剌）來結和曰願與太師爲友同往伐遼穆宗執額特埒會遼命穆宗討捕哈里穆宗送額特埒於遼募軍得甲千餘女直甲兵之數始見於此蓋未嘗滿千也軍次混同江蕭哈里再使人來復執之既而與哈里遇哈里遥問曰我使者安在對曰與後人偕來是時遼追哈里兵數千人攻之不能克穆宗謂遼將曰退爾軍我當獨取哈里遼將許之太祖策馬突戰流矢

中哈里首哈里墮馬下遂執而殺之大破其軍穆宗紀使阿里罕字依詳校本刪獻馘於遼本傳伐遼之舉薩哈傳阿里罕實贊成之及從征阿里罕在行閒屢戰有功及太宗等勸進太祖未之許也本傳阿里罕普嘉努原作蒲家奴宗翰等進曰今大功已建若不稱號無以繫天下心太祖曰吾將思之收國元年正月壬申朔太祖紀太祖即位阿里罕與宗翰以耕具九器爲獻祝曰使陛下毋忘稼穡之艱難太祖敬而受之頃之爲古倫英賓原作國論乙室貝勒爲人聰敏辯給凡有所聞見則終身不忘始未有文字祖宗族屬時事並能默記與色克原作斜葛

同修本朝譜牒見人舊未嘗識聞其祖父名即能道其部族世次所出或積年舊事偶因他及之人或遺忘輒一一辨析言之有質疑者皆釋其意義世祖嘗稱其强記人不可及也天輔三年寢疾宗翰日往問之盡得祖宗舊俗法度疾革（史作疾病依詳校本改） 上幸其家問疾問以國家事對曰馬者甲兵之用今四方未平而國俗多以良馬殉葬可禁止之乃獻平生所乘戰馬及以馬獻太宗使其子富爾丹（原作蒲里迭）代爲奏奏有誤語即哂之宗翰從旁爲改定進奏訖薨年四十九歲上聞阿里罕臨薨有奏事曰臨終不亂念及國

家事眞賢臣也哭之慟及葬上親臨熙宗時追封隋國王天德中改贈開府儀同三司隋國公大定間本傳圖像衍慶宮依詳校本增配饗太祖廟廷謚曰剛憲子賽音原作賽也鄂倫原作斡論賽音子宗尹金史本傳宗甯鄂倫子宗道七字作詳校本增

鄂倫一名晏原作斡論阿里罕次子也景祖之孫四字明依詳校本刪敏多謀略通契丹字天會初烏達噶原作烏底改叛太宗幸北京以晏有籌策召問稱旨乃命督扈從諸軍往討之至混同江諭將士曰今叛衆依山谷地勢險阻林木深密吾騎卒不得成列未可以歲月破也乃具

舟楫艤江分諸軍據高山連木爲栅多張旗幟示以持久聲言大軍畢集而發金史本傳潛用舟師乃字依宏簡錄刪浮江而下直擣其營遂大破之據險之衆不戰而潰月餘一境皆定師還授左監門衛上將軍爲廣甯尹入爲吏禮兩部尚書皇統元年爲北京留守改咸平尹徙東京天德初封葛王入拜同判大宗正事進封宋王授世襲明安海陵遷都晏留守上京授金牌一銀牌二本傳在任五年宏簡錄累封豫王許王又改越王貞元初進封齊時近郊禁園獵特畀晏三百人從獵正隆二年例削王爵改西京留守未幾爲臨潢尹遂

致仕還居會甯海陵南伐世宗爲東京留守將士皆自淮南來歸晏之子伊埒訥（原作里乃）亦在軍前率衆來歸世宗（本傳）白彥敬（本名約索）等聞之使會甯同知高國勝拘晏家族世宗即位（宏簡錄）遣使召晏又遣晏兄子呼拉布（原作鶻魯補）馳驛促之晏遂率宗室數人入見即拜左丞相封廣平郡王宴勞彌日未幾兼都元帥大定二年正月上如山陵禮畢上將獵有司已夙備晏諫曰邊事未甯畋游非所宜也上嘉納之因謂晏等曰古者帝王虛心受諫朕常慕之卿等盡言毋隱進拜太尉復致仕還鄉里是歲薨詔有司致祭賻贈銀

幣甚厚金史本傳

宗甯本名阿多古原作阿土古賽音之子宏簡錄正隆六年本紀起家爲征南都統從海陵戰瓜洲渡功最宏簡錄歷祁州刺史太定二年爲會甯府路押軍萬戶擢歸德軍節度使時方旱蝗宗甯督民捕之得死蝗一斗給粟一斗數日捕絕移鎮甯昌軍改知臨潢府事移天德軍世宗嘗謂宰臣曰宗甯志慮雖淺所至八皆愛之卽命爲行軍右翼都統爲賀宋正旦使累遷兵部尚書授隆州路和屯明安羅里茂原作烈里沒世襲穆昆出知大名府事徙鎮利涉軍俄同簽大睦親府事宗

甯多病世宗欲以涼地處之俾知咸平詔以其子符寶郎亶爲韓州刺史以便養無幾入授同判大睦親府事拜平章政事明昌二年薨宗甯性勤厚有大志居家約儉如寒素臨事明敏其鎮臨潢鄰國有警宗甯聞知乏糧即出倉粟令以牛易之敵知得粟即遁去邊人以斡罕原作窩斡亂後苦無牛宗甯復令民入粟易牛旣而民得牛而倉粟倍於舊其經畫如此金史本傳聞者稱之瓊都傳

宗尹本名阿里罕賽音之子初充護衛宏簡錄改牌印祗候爲右衛將軍歷順天歸德彰化唐古部族橫海

軍節度使正隆南伐領神略軍都總管先鋒渡淮取揚州及瓜州渡大定二年改河南路副都統駐軍諸州之境是時宋陷汝州殺刺史烏克遜原作烏古孫滿丕原作麻潑及漢軍二千人宗尹遣萬戶富珠哩原作孛朮魯定方完顏阿呼喇原作阿喝懶瓜爾佳原作夾谷清臣烏庫哩原作烏古論薩哈克楚額哲原作三合渠雛訛只將騎四千往攻之遂復汝州除大名尹副都統如故頃之爲河南路統軍使遷元帥左都監除南京留守上曰卿年少壯而心力多滯前任點檢京尹勤力不怠而處事迷錯勉修職業以副朕意賜通犀帶廄馬八年置山東路統軍

司宗尹爲使遷樞密副使錄其父功授世襲扶餘路屯河明安并親管穆昆除太子太保樞密副使如故上問宰臣曰宗尹雖才無大過人者而性行淳厚且國之舊臣昔爲宮卿等尚未仕也史作未信依詳校本改朕欲以爲平章政事何如宰執皆曰宗尹爲相甚協衆望卽日拜平章政事封代國公兼太子太傅是時民間苦錢幣不通上問宗尹對曰錢者有限之物積於上者滯於下所以不通海陵軍興爲一切之賦有菜園房稅養馬錢大定初軍事未息調度不繼故因仍不改今天下無事府庫充積悉宜罷去上曰卿留意百

姓朕復何慮太尉守道老矣舍卿而誰於是養馬等錢始罷他日謂宰臣曰宗尹治家嚴密他人不及也顧宗尹曰政事亦當如此矣有頃北方歲饑軍食不足廷議輸粟振濟或謂此雖不登而舊積有餘秋成在近不必更勞輸輓宗尹曰國家平時積粟本以備凶歲也必待秋成則憊者衆矣人有捐瘠其如防戍何上從之本傳時詔凡承襲人不識女直字者勒令學習會宗尹子尼楚赫襲明安守道子神果努原作神果奴襲穆昆上嘗識二子但習漢字未習女直字自今著令女直契丹漢字曾學其一即許承襲宏簡錄宗尹有

疾不能赴朝上問宰臣曰宗尹何爲不入朝太尉守
道以疾對上曰丞相志甯嘗言若詔遣征伐所不敢
辭宰相之職實不敢當宗尹亦豈此意耶二十四年
世宗將幸上京上曰臨潢烏庫哩實壘原作石壘歲皆不
登朕欲自南道往三月過東京謁太后陵寢五月可
達上京春月鳥獸孳孕東作方興不必蒐田講事卿
等以爲何如宗尹曰南道歲熟芻粟賤宜如聖旨遂
由南道往焉世宗至上京聞同簽大宗正事宗甯不
能撫治上京宗室本傳子孫往往不事生業令察其子
隨宜懲戒奏曰隨仕之子父沒不還本土以此多好

遊蕩命召還之及宴宗室於皇武殿擊毬爲樂語以其間人材孰可用者因舉奉國公威準（原作幹準）子按春（原作安出虎）豫國公昱曾孫阿嚕（原作阿魯）可任使（宏簡錄）上曰度可任以何職更訪其餘以聞詔以按春阿嚕爲奉御（本傳）二十七年乞致仕詔卿久任外官不聞有過失但恨用卿稍晚今精力似衰若勉留卿四方恐以爲私今雖致仕將居何所朕欲留卿時相從遊如何（宏簡錄）宗尹曰臣豈不欲在此但餘閑之年猶在輦下恐聖主心困耳既衰老臣不忍擯棄時時得瞻望天顏臣豈敢他往（本傳）況鄉里故老亦無存者（宏簡錄）雖到彼

何將與誰遊乎於是賜甲第一區凡宴集畋獵皆從
焉二十八年薨金史本傳
宗道本名巴克實原作八十上京司屬司人鄂倫原作少斡論
子也系出景祖四字依詳校本刪通周易孟子善騎射大定五年
充閤門祗候累除近侍局使右丞相烏庫哩原作烏古論
元忠左衛將軍衛字依詳校本增布薩原作僕散揆等嘗薦集有
所竊議宗道即密以聞世宗嘉之授右衛將軍出爲
西南路副招討章宗即位改同知平陽府事陜西路
副統軍左宣徽使伊喇原作移剌仲方舉以自代除西北
路招討使故事賀馬史作鴽馬依詳校本改八百餘匹宗道辭

不受諸部悅服邊鄙順治提刑司察廉召爲殿前右副都點檢壽除陝西路統軍使以鎮靜得軍民心特遷三階兼知京兆府時夏旱俾長安令取太白湫水步迎於遠郊及城而雨是歲大稔人以爲精意所感刊石紀之承安二年爲賀宋正旦使壽授河南路統軍使（金史本傳）泗州民張偉負楚州賈人王萬貨錢五千餘貫三年不償萬理索誣以言彼界事情（宏簡錄）宗道疑其冤（本傳）廉問果得實乃坐偉而歸萬人服其明（宏簡錄）後乞致仕朝廷知非本心改知河中府有惠政民立像於層觀以時祭之移知臨洮以病解泰和四年

卒贈龍虎衞上將軍金史本傳

宗雄本名摩囉歡原作謀良虎康宗長子其始生也世祖見而異之曰此兒風骨非常他日必爲國器金史本傳因解佩刀置其側俟成人則使佩之宏簡錄九歲能射逸兔年十一射中奔鹿世祖坐之膝上曰兒幼已然異日出倫輩矣以銀酒器賜之既長風表奇偉善談辯多智略孝敬謙謹人愛敬之康宗沒遼使阿息保來本傳徑騎至康宗殯所閱賵馬欲取之太祖怒將殺之宗雄諫而止二年甲午本紀太祖將舉兵本傳謂諸將佐曰遼人知我將舉兵集諸路軍備我我必先發制之

無爲人制（本紀）宗雄曰遼主驕侈又不知兵不能擒一蕭哈里（原作海里）而我兵擒之可取也（可取也三字本傳在又不知兵下依詳校本移下）太祖善其言攻甯江州渤海兵銳甚宗雄以所部敗渤海兵以功授世襲千戸穆昆太祖敗遼兵於珠赫店（原作出河店）宗雄摧鋒力戰功多達嚕噶（原作達魯古）城之役（本傳）命將右軍身先士卒遼兵已卻復助左軍繞出其後擊之遼衆大潰（宏簡錄）乘勝逐北日已暮圍之黎明遼兵突圍出追殺至頁嚕伯奇（原作乙呂伯石）而還上撫其背曰朕有此子何事不濟以御服賜之及遼帝以七十萬衆至圖們（原作地們）諸將皆曰遼兵勢盛

不宜速戰宗雄曰不然遼兵雖盛而皆庸將士卒惴惴不足畏也戰則破之掌握間耳上曰善追及遼帝於呼岱巴（原作護步答）岡宗雄率衆直前短兵接宗雄令前行者持梃擊遼兵馬首後行者射之大敗遼兵上嘉宗雄功執其手勞之以御介胄及御戰馬寶貨奴婢賜之舍音（原作斜也）攻春州宗雄與宗幹羅索（原作婁室）取金山縣行近白鷹林獲候者七八人縱其一人使歸縣人聞大軍至迺潰遂下金山縣與舍音俱取泰州太祖自將取臨潢府遣宗雄先啟行遇遼兵五千宗雄與戰大軍亦至大破之及留守托卜嘉（原作撻不野）降上

以其女與宗雄賞其敵行破遼兵之功也既而與普嘉努原作蒲家奴按視泰州地土奏曰其土如此可種植也上從之由是徙萬餘家屯田泰州宗雄等言四字依詳校本刪西京既降復叛時糧餉垂盡議欲罷攻宗雄曰西京都會也若委而去之則降者離心遼之餘黨與夏人得以窺伺矣乃立重賞以激士心既而夜中有火大如斗墮於城中宗雄曰此城破之象也及克西京賜宗雄黃金百兩衣十襲及女婢等與宗翰等擊耿守忠兵七千於西京之東四十里大破之迎謁太祖於鴛鴦濼從至歸化州疾篤宗翰問所欲言宗雄曰國

家大業既成主上壽考萬年四方肅清死且無恨天輔六年薨年四十太祖來問疾不及見哭之慟謂羣臣曰此子謀略過人臨陣勇決少見其比賻贈加等詔哈濟（原作合扎）千戶駙馬賓嘉努（原作石家奴）護喪歸葬於上京（史作歸化州依詳校本改）仍於死所建佛寺宗雄好學嗜書嘗從上獵誤中流矢而神色不變恐上知之而罪及射者既拔去矢託病歸家臥兩月因學契丹大小字盡通之凡金國初建立法定制皆與宗榦建白行焉及與遼議和書詔契丹漢字宗雄與宗翰希尹（原作古新）主其事而材武蹻捷挽強射遠幾三百步嘗走馬射

三麞已中其二復彎弓馬蹶躍而下控弦如故遂彀滿步射獲之宗雄方逐兔達蘭原作撻懶亦從後射之已發矢達蘭大呼曰矢及矣宗雄反顧以手接其矢就射兔中之其輕捷如此天眷中追封太師齊國公天德二年加秦漢國王正隆二年改太傅金源郡王大定八年史作二年依詳校本改追封楚王謚威敏配享太祖廟廷十五年圖像於衍慶宮子富勒呼原作蒲魯虎安塔哈原作按荅海阿林原作阿鄰金史本傳長子富勒呼襲猛安卒孫和勒端原作桓端襲卒子雲闊原作喦頻末襲而死孫富德原作蒲帶襲之宏簡錄富德大定末累官同簽大睦親府事章宗

初即位初置九路提刑司富德爲北京臨潢提刑使詔曰朕憂勞萬民每念刑獄未平農桑未勉吏或不循法度以隳吾法朝廷遣使廉問事難周悉惟提刑勸農采訪之官自古有之今分九路專設是職爾其盡心往懋乃事自熙宗時遣使廉問吏治得失世宗即位凡數歲輒一遣黜陟之故大定之間郡縣吏皆奉法百姓滋殖號爲小康或謂廉問使者頗以愛憎立殿最上以問宰相上字依詳校本增宰相曰臣等復爲陛下察之是以世宗嘗欲立提刑司而未果章宗追述先朝遂於即位之初行之及九路提刑使朝辭於慶

和殿上曰建立官制當寬猛得中凡軍民事相涉者均平決遣鈐束家人部曲勿使沮擾郡縣事令以司獄隸提刑司惟冀獄犴無冤耳既退復遣近臣諭之曰卿等皆妙簡才良付以專責盡心舉職別有旌賞否則有罰明年富德乃襲明安云（金史本傳）

阿林（原作阿鄰）宗雄子（宗雄傳）頴悟辯敏通女直契丹大小字及漢字幼時嘗入宫熙宗見而奇之曰是兒他日必能宣力國家年十八授定遠大將軍爲順天軍節度使天德二年用廉遷益都尹兼山東東路兵馬都總管歷泰寧定海鎮西安國等軍節度使海陵南伐

以爲神勇武平等軍都總管由壽州道渡淮與勸農使伊喇原作移剌元宜合兵三萬爲先鋒是歲十月至廬州與宋將王權軍十餘萬戰於柘皐鎮蔚子橋至和州南復與王權軍八萬餘會戰又敗之追殺至江上斬首數千級世宗即位於遼陽史作上即位依詳校本改海陵死大軍北還將渡淮而舟楫甚少軍士爭舟不得亟渡阿林得生口知可涉處識以柳枝命本部涉濟既至北岸而諸軍之爭渡者果爲宋軍邀擊之及入見上聞阿林淮上戰功又以全軍還遷兵部尚書監督經畫征斡罕原作窩斡諸軍糧餉授以金牌一銀牌四斡罕

敗還至懿州以疾卒喪至京師上命致祭於永安寺
百官赴弔賻銀五百兩重綵三十端絹百匹金史本傳
安塔哈原作答海按又名鄂勒歡原作阿魯綰宗雄次子也性
端重不輕發有父之風年十五太祖賜以一品織二
十餘御毬場分朋擊毬連勝三筭宗工舊老咸異之
進呈所勝禮物安塔哈爲班首太宗喜曰今日之勝
此孫之力也賞之獨厚天會二年襲父明安除大宗
正丞以明安讓兄子和勒端原作桓加武定軍節度使
奉朝請改侍衞親軍都指揮使封金源郡王進譚王
遷同判大宗正事別授世襲明安海陵將遷中都安

塔哈諫曰棄祖宗興王之地而他徙非義也海陵不悅留之上京久之進封鄆王改封魏王除濟南尹安塔哈不堪卑溼多在病告海陵聞之改西京留守正隆例奪王爵改廣甯尹世宗即位於東京赦令至廣甯金史本傳其弟雅爾堅原作燕京勸拒弗受言甚指斥安塔哈曰此府迫近遼陽勢不能抗聊且受之從諸郡上謁東京有司議持兩端請併誅之上以安塔哈爲弟所惑若正隆翦刈宗室朕不可效特命釋之獨誅雅爾堅玄簡錄不數日復判大宗正事再遷太子太保封蘭陵郡王改勸農使海陵時自上京徙河間土瘠詔

安塔哈一族二十五家從便遷居近地乃徙平州詔給平州官田三百頃屋三百間宗州官田一百頃進金源郡王致仕大定八年召見上曰宗室耆老如卿者能幾人耶賜錢萬貫甲第一區留京師使預巡幸毬獵宴會十四年薨年六十七臨終戒諸子曰汝輩勿以生富貴中而爲暴戾宜自謙退海陵以猜忌翦滅宗室我以純謹得免耳汝輩惟日爲善勿墜吾家金史本傳

舍音一名杲原作斜也世祖第五子太祖之母弟也金史本傳從太祖伐遼威赫傳始至遼界一戰而勝薩哈傳收國元

年太宗爲安班貝勒杲爲溫原作吳貝勒薩哈傳作晨太祖紀作國論天輔元年杲以兵一萬攻泰州下金山縣孟古原作女固脾室四部及渤海人皆來降遂克泰州金史本傳移城中積粟於烏哩雅原作烏林野振先降諸部因徙之內地五年爲烏赫哩原作胡魯貝勒都統內外諸軍取遼中京宏簡錄實北京也金史本傳謀知遼人欲焚芻糧徙居民遯去奚王錫默原作霞末則欲視我兵少則迎戰若不敵則退保山西其實皆無鬬志杲乃委輜重以輕兵擊之六年正月克高恩回紇三城遼兵聞風不戰而潰遂克中京獲馬一千二百牛五百駝一百七十羊四萬

七千車三百五十兩乃分兵屯守要害之地駐兵中京使使奏捷獻俘詔曰汝等提兵於外克副所任攻下城邑安撫人民朕甚嘉之分遣將士招降山前諸部計已撫定山後若未可往即營田牧俟秋大舉更當熟議見可則行如欲益兵具數以上無恃一戰之勝輒自弛慢善撫存降附宣諭將士使知朕意完顏罕都（原作歡都）游兵出中京南遇騎兵三十餘紿曰明旦來降於此（金史本傳）杲信之使温特赫額哷春（原作温廸痕阿里出）等往迎兵乃圍之納哈塔（原作納合）通恩（原作鈍恩）等下馬據坂皆殊死戰因敗錫默追殺至暮而還（宏簡錄）宗翰降

北安州金史本傳移書請進兵襲遼主杲意未決宗幹勸杲當從其策乃約共會奚王嶺始定議出青嶺期羊城濼會軍襲擊遼主由草濼西走其都統瑪格原作馬哥趨道蘭原作擣里宗翰遣達蘭原作撻懶往擊兵祗一千杲益之獲遼樞密使德勒岱等宏簡錄西京已降復叛杲使招之不從遂攻之留守蕭察喇踰城降四月復取西京杲率大軍趨白水濼分遣諸將招撫未降州郡及諸部族於是遼秦晉國王耶律聶哷原作捏里自立於燕京金史本傳天祚既奔夾山宰相李處温都統蕭幹率燕京數百人勸進聶哷自號天錫皇帝改元建福大金志紀

山西諸城雖降而人心未固杲遣宗望奏事仍請上臨軍耶律坦招西南招討司及所屬諸部西至夏境皆降耶律佛德（原作佛頂）亦降於坦金肅西平二郡漢軍四千叛去坦與愛新鄂約（原作阿沙兀野）托卜嘉（原作撻不野）簡料新降丁壯逆夜襲之詰旦戰於河上大敗其衆皆委仗就擒耶律聶哷移書於杲請和杲復書責以不先稟命上國輒稱大號若能自歸當以燕京留守處之聶哷復以書來其略曰昨即位時在兩國絕聘交兵之際奚王與文武百官同心推戴何暇請命今諸軍已集倘欲加兵未能束手待斃也昔我先世未嘗

殘害大金人民寵以位號日益强大今忘此施欲絶
我宗祀於義何如也倘蒙惠顧則感戴何有窮已杲
復書曰閤下向爲元帥總統諸軍任非不重竟無尺
寸之功欲據一城以抗國兵不亦難乎所任用者前
既不能死國今誰肯爲閤下用者而云主辱臣死欲
恃此以成功計亦疎矣幕府奉詔歸者官之逆者討
之若執迷不從期於殄滅而後已聶哷乃遣使請於
太祖賜聶哷詔曰汝遼之近屬位居將相不能與國
存亡乃竊據孤城僭稱大號若不降附將有後悔六
月上發京師詔都統曰汝等欲朕親征已於今月朔

旦啟行遼主今定在何許可以計取之其具以聞杲使馬和尚奉迎太祖於塔魯（原作撻魯）河斡魯羅索（原作婁室）敗夏將李良輔杲使完顏希尹（原作古新）等奏捷且請徙西南招討司諸部於內地希尹等見上於大濼西南上嘉賞之上至鴛鴦濼杲上謁上追遼主於古爾珍（原作回離畛）川南伐燕京次奉聖州詔曰自今諸訴訟書付都統杲決遣若有大疑即令聞奏太祖定燕京還次鴛鴦濼以宗翰爲都統杲從上還京師太宗即位以杲爲安班貝勒與宗幹俱治國政天會三年伐宋杲領都元帥居京師宗翰宗望分道進兵四年再伐

宋獲宋二主以歸天會八年薨皇統二年追封遼越國王天德二年配享太祖廟廷正隆例封遼王大定十五年圖像衍慶宮（五字依詳校本增）謚曰智烈子博濟（原作孛吉）（金史本傳）

璸都一名昂（原作奔睹）景祖弟伯赫（原作孛黑）之孫咱幹（原作斜幹）之子（金史本傳）年十五侍太祖會令數人兩兩角力太祖顧之曰汝能此乎對曰有命敢不勉遂連仆六人太祖喜曰汝吾宗弟自今勿遠左右居數日賜金牌令佩以侍（宏簡錄）年十七太祖伐遼謂之曰汝可擐甲從軍矣昂遂佩所賜金牌從軍天輔六年（金史本傳）都統杲

遣與思忠詣宗翰追遼主於鴛鴦濼平燕策功賜甲第一區天會二年南京叛棟摩遣與劉彥宗分兵討之宗望伐宋承制拜爲河南諸路兵馬都統稱金牌郎君及攻汴以兵三千爲宗弼前鋒時遣使入城宋人不納比暮昂兵千人先馳至北門諭之以事遂得入（宏簡錄）宗望至汴合棟摩達蘭（原作撻懶）等屯於城之東北隅慮宋主遁去遣昂等率輕騎環城巡邏所領止八穆昆遇敵萬人與戰敗之其步軍溺死於汴者過半七年大軍渡江敗宋兵於江上帥府遣昂等以兵追宋主宋主入於會稽若爲堅守計有兵數千列陣

於郭東竹葦間諸將欲擊之昂曰此詐也不若急攻
城不然將由他門逸去諸將猶豫未決而宋主果於
他門以單舟入海不獲而還宗弼經略熙秦遣昂與
薩里罕原作撒離喝領兵八千攻取河西郡縣遂取甯洮
安隴二寨進至河州其通判率士民迎降攻樂州其
都護及河州安撫使郭甯偕降復進取三寨至西甯
州都護許居簡以城降吐蕃酋長之孫趙鈐轄率其
所部木波首領五人來降昂别領軍四千往積石降
其軍及所部五寨官吏追吐蕃鈐轄等十二人至廓
州招之不下攻取之天眷元年授鎮國上將軍除東

平尹明年夏宋將岳飛以兵十萬號稱百萬來攻東平城中軍止五千倉卒出禦之時桑柘方茂昂使多張旗幟於林間以爲疑兵自以精兵陳於前敵不敢動相持數日而退昂勒兵襲之至清口宋兵泛舟逆水而去時霖雨晝夜不止昂乃附水屯營夜將半忽促衆北行諸將諫曰軍士遠涉泥淖饑憊未食恐難遽行昂怒不應鳴鼓督之下令曰鼓聲絕而敢後者斬遂棄營去幾二十里而止是夜宋人來劫營無所得而去諸將入賀且問其故昂曰泝流而下者走也泝流而上者誘我必追也今大雨泥淖彼舟行安我

陸行勞士卒饑乏弓矢敗弱我軍居下流勢不便利其襲我必矣衆皆稱善岳飛復以兵十萬圍邳州甚急城中兵纔千餘守將懼遣人求救昂曰爲我語守將我嘗至下邳城西南隅有塹深丈餘可速實之守將如其教塡之敵果自此穴地以入知有備遂止昂舉兵以爲聲援宋兵乃退在東平七年改益都尹遷東北路招討使改崇義軍節度使遷會甯牧天德初改安武軍節度使遷元帥右都監轉左監軍授上京路移里閔斡魯琿原作渾河世襲明安海陵曰汝有大功一明安不足酬也益以四穆昆昂受親管穆昆餘

三穆昆讓其族兄弟拜樞密副使轉太子少保進樞密使尚書左丞相久之拜太尉封瀋國公進太保判大宗正事封楚國公累進封莒衞齊兼樞密使太保如故（金史本傳）海陵南伐爲左領軍大都督因辭濟江舟小海陵怒詔與富勒琿（原作蒲盧渾）明日先濟昂懼欲亡去抵暮海陵遣人止之既而軍變使人至南京殺太子光英遣其子宗浩與壻牌印祗候輝罕（原作回海）奉表入賀見日世宗深加慰勞進封漢國公（宏簡錄）拜都元帥太保如故置元帥府於山東經略邊事未幾奉遷睿宗皇帝梓宮於山陵以昂爲敕葬使事畢還山東

三年召至京師以疾薨年六十四上爲輟朝親臨奠賻銀千兩重綵五十端絹五百疋昂在海陵時縱飲沈酣輒數日不醒海陵聞之常面戒不令飲得閒輒飲如故大定初還自揚州妻子爲置酒私第未數行輒臥不飲其妻大氏海陵庶人從母姊也怪而問之昂曰吾本非嗜酒者但向時不以酒自晦則汝弟殺我久矣今遭遇明時正當自愛是以不飲聞者稱之睦於兄弟尤善施予其親族有貧困者必厚給之至於茵帳衣衾器皿僕馬之屬常預設於家卽命駕相就爲具歡樂終日盡以遺之郎日使富足人或以爲

子孫計爲言答曰人各有命但使其能自立爾何至

爲子孫奴耶君子以爲達金史本傳

吉林通志卷七十八

人物志七金六

宗翰　宗望　齊文京

宗磐　宗固

宗翰本名尼瑪哈原作粘沒喝漢語訛爲尼堪原作粘罕金史本傳小名烏家奴一名粘漢言其貌類漢兒後改名宗維大金志傳國相薩哈原作撒改之長子也金史本傳大金志傳作父師阿盧里移賚孛極烈然後雖貴襲其官加於見授官銜上姿貌雄傑能被甲周貫馬腹驍捷如風輪劍入敵人莫敢當幼時嬉戲爲部伍擊刺之法有居後者擊之以鞭性特嚴酷殘忍沈摯多

謀遇戰時號令其下騎者騎步者步同顧者斬所以每戰必勝也武元初起時纔有千騎(大金志傳)宗翰年十七軍中服其勇及議伐遼宗翰與太祖意合太祖敗遼師於境上獲耶律色實(原作謝十金史本傳)薩哈在別路(太祖紀)使與(宗翰字依詳校本刪)完顏希尹(原作古新)來賀捷(金史本傳)因勸進收國元年正月壬申朔(太祖紀)太祖即位(薩哈傳)國號大金遼遣都統鄂爾多(原作訛里朵)騎二十萬步七萬戍邊(大祖紀)女直以眾寡不敵謀降獨宗翰希尹羅索(原作婁室)曰我殺遼人已多降必見剿不如以死拒之宗翰奮鐵撾直前諸將隨之(大金志傳)大敗遼人於達嚕噶(原作

達魯古城金史本傳自是乘勝入黃龍府五十餘州浸逼中京多其力也大金志傳天輔五年四月宗翰奏曰遼主失德中外離心我朝興師大業既定而根本弗除後必爲患今乘其釁可襲取之天時人事不可失也太祖然之即命諸路戒備軍事五月戊戌射柳宴羣臣上顧謂曰宗翰字依詳校本刪今議西征汝前後計議多合朕意宗室中雖有長於汝者若謀元帥無以易汝汝當治兵以俟師期上親酌酒飲之且命之釂解御衣以衣之羣臣言時方暑月乃止無何爲伊拉齊原作移賚貝勒副普嘉努原作蒲家奴西襲遼帝不果行十一月宗翰復

請曰諸軍久駐人思自奮馬亦壯健宜乘此時進取
中京羣臣言時方寒太祖不聽竟用其策金史本傳史作用
宗翰策依詳校本改辛丑以烏赫哩原作胡魯貝勒杲爲內外諸軍
都統以昱宗翰宗幹宗望宗磐紀作盤依宗磐傳改等副之太祖
紀宗峻領哈濟明安皆受金牌伊都原作余睹爲嚮導取
中京實北京既克中京宗翰率偏師趨北安州與羅
索圖克坦原作徒單綽里合兵大敗奚王薩滿原作霞末北安
遂降金史本傳駐軍遣希尹經略近地獲遼護衛耶律錫
里原作泥烈知遼主獵於鴛鴦濼西北西南兩路兵馬
皆羸弱不可用使努延溫敦伊喇保原作耨盌溫都移刺保報

都統杲遼主窮追猶事畋獵不恤危亡兼自殺其子臣民失望衆益離心攻取之策幸速見諭杲使瓊都（原作奔睹）來報頃奉詔旨不令便趨山西當詳審徐議時已整衆伺候兵期及瓊都至恐失機會決策進兵（宏簡錄）使伊喇保復往報都統曰（金史本傳）初受命許便宜從事遼人可取其事已見一失機會後難圖矣今以精兵六千出瓢嶺以襲遼主當與大軍會於何地又聞遼主將自五院司來拒戰乃倍道兼行一宿而至遼主遯去（宏簡錄）西京復叛耿守忠以兵五千來救至城東四十里富察烏里固納（原作蒲察烏烈骨赧）先擊之斬首千

餘宗翰宗雄宗峻繼至宗翰率麾下自其中衝擊之使餘兵去馬從旁射之守忠敗走其衆殲焉宗翰弟扎巴台保迪原作扎没於陣天眷中贈扎巴台特進云宗翰已撫定西路州縣部族謁上於行在所遂從上取燕京燕京平金史本傳賞以金器有差宏簡錄太祖既以燕京與宋人乃還軍次鴛鴦濼不豫將歸京師以宗翰爲都統齋扆原作貝勒昱德特疊原作貝勒斡魯副之駐軍雲中金史本傳初與南宋通和已議還燕京六州地宗翰不從指地圖曰欲作夏國往來次舍勿復言其後宗翰欲止割涿易兩州大金志傳太祖曰海上之盟不可

忘也我死汝則爲之蓋海上初約燕人歸南朝奚契丹渤海人皆屬金國也大金志紀太宗卽位詔宗翰曰寄爾以方面當遷官資者以便宜除授以空名宣頭百道給之金史本傳天會二年太宗紀宋人來請割諸城宗翰報以武朔二州請曰史有宗翰字依詳校本删宋人不歸我叛亡阻絕燕山往來道路後必敗盟請勿割山西郡縣太宗曰先皇帝嘗許之矣當付之諸將獲耶律瑪格原作馬哥宗翰歸之京師詔以馬七百匹給其史作宗翰軍依詳校本改軍以田種千石米七千石振新附之民詔曰新附之民比及農時度地以居之宗翰請分宗望達蘭原作撻懶

實古納原作迪古乃精兵討諸部詔曰宗望軍不可分别以精鋭五千給之宗翰朝太祖陵入見上奏曰先皇帝時山西南京諸部漢官軍帥皆得承制除授今南京皆循舊制惟山西優以朝命詔曰一用先皇帝燕京所降詔敕從事卿等度其勤力而遷授之宗翰復奏曰先皇帝征遼之初圖宋協力夾攻故許以燕地宋人既盟之後請加幣以求山西諸鎮先皇帝辭其加幣盟書曰無容匿逋逃誘擾邊民今宋數路詔納叛亡厚以恩賞累疏叛人姓名索之童貫嘗期以日月約以誓書一無所致盟未期年今已如此萬世守

約其可望乎且西鄙未甯割付山西諸郡則諸軍失屯據之所將有經略或難持久請姑止勿割上悉如所請上以宗翰經略夏國奉表稱藩深嘉其功以馬十匹使宗翰自擇二匹餘賜羣帥及斡魯奏宋不遣歲幣戶口事且將渝盟不可不備太宗命宗翰取諸路戶籍按籍索之而棟摩（原作闍母）再奏宋人敗盟有狀宗翰宗望俱請伐宋於是安班貝勒杲領都元帥居京師宗翰爲左副元帥自太原路伐宋（金史本傳）宋朝聞其南侵詔童貫再行貫遣馬擴往使且交蔚應州飛狐靈邱縣至境嚴兵以待止許吏卒三人從乃趣庭

參如見國主禮首議山後事宗翰曰大聖皇帝初與趙皇跨海交好各立誓書萬世無斁不謂貴朝陰納張覺收燕京逃去官民本朝累牘返還第以虛文見紿今當略辨是非擴曰本朝緣譚稹昧大計輕從張覺之請上每悔之願相國存舊好勿以前事置懷乞且交蔚應州飛狐靈邱兩縣宗翰曰爾尚欲兩州兩縣耶山前山後我家地尚復奚論汝家別割數州來可贖罪也和議遂格大金志紀宗翰發自河陰遂降朔州金史本傳將侵代州之境嚴戒部伍整肅器械慮家計寨難取遂分兵由胡谷寨入焉謂希尹伊都曰今日至

代州與南軍必有數戰初戰不無勞力其餘可乘勝破矣既行越家計寨直至代州並無一戰代州守臣李嗣本率吏民請命忻州石嶺關聞風皆降忻州守賀權知勢不敵開門張樂以迓之如入無人之境直趨太原大金志紀敗宋河東陜西軍四萬於汾河之北殺萬餘人宏簡錄宋義勇將劉嗣初領衆四千先屯平陽會金人已圍太原謀襲京師嗣初聞之密遣人閒道獻平陽宗翰復爲鎖城法以困太原鎖城法者於城外矢石不及之地築城環繞分人防守敗朔州守臣孫翊於太原城下翊沒於陣繼敗府州守臣折可求

於交城於是金人益熾（大金志紀）宗望自北河趨汴久不聞問遂留尼楚赫（原作銀术可）等圍太原宗翰率師而南降定諸縣及威勝軍下隆德府實潞州（金史本傳）既逾南北關仰而歎曰關險如此而使我過之南朝可謂無人矣遂至隆德城中素無備二日而破守臣張確死之（大金志紀）軍至澤州宋使至軍中始知割三鎮講和事路允迪以宋割太原詔書來太原人不受詔宗翰取文水及盂縣復留尼楚赫圍太原乃還山西（宗翰字本依詳校削）宋少帝誘蕭仲恭貽書伊都以興復遼社稷以動之蕭仲恭獻其書詔復伐宋（本傳）四年八月庚戌（太宗紀）

發自西京九月丙寅克太原宗翰字依原作詳校本創呼沙呼忽沙
渾取平遥降靈石介休孝義諸縣金史本傳始攻太原入
不下乃於城外築舊城居之號元帥行府已而歸雲
中留尼楚赫攻城至是宗翰自雲中復至乘勝急攻
城破盡殺勝捷軍帥臣張孝純被禽繼又釋而用之
副總管王禀負原廟太宗御容赴水而死督運韓總
以下死者三十六人圍城凡二百六十日城中軍民
餓死者十八九固守不下至是始破宋下哀痛之詔
命兩河互相救援時二帥會議再征宋闕大金國志諸將
猶以爲難大金志傳希尹曰今河東已得太原河北已得

眞定二者乃兩河領袖也乘此之勢可先取兩河俟兩河既定徐取東京未晚今若棄兩河先取東京儻有不利則兩河非我所有兼太子向到東京不能取之宗望未有語宗翰怫然以手去貂帽擲之於地謂諸將曰東京國之根本我謂不得東京兩河雖得而莫守苟得東京兩河不取可自下向東京不能得者以我不在彼也今我若行得之必矣又舒右手作取物之狀曰我今若取東京如運臂取物得之矣大金國志鋭意請行大金國志本傳宗望忻然稱善諸將不敢沮之南征之計遂決於是二帥分歸本路大金國志十一月甲子

宗翰自太原趨汴降威勝軍克隆德府遂取澤州薩喇達（原作撒剌答）等先已破天井關進逼河陽破宋兵萬人降其城宗翰攻懷州克之丁亥渡河閏月至汴（史有宗翰字依詳校本刪）與宗望會兵（金史本傳）至城下見城上守禦以爲難破先欲講和（大金國志本傳）約畫河爲界（金史本傳）宗翰曰城不難破城上人多多則易亂及破城日遣人壯士先登城上果亂散走（大金國志本傳）丙辰尼楚赫等克汴州辛酉宋少帝詣軍前舍青城十二月癸亥少帝奉表降詔元帥府曰將帥士卒立功者第其功之高下遷賞之其殞身行陣沒於王事者厚卹其家賜贈官爵

務從優厚使勛就軍中勞賜宗翰宗望使皆執其手以勞之金史本傳五年四月太宗紀以宋二主及其宗族四百七十餘人與大軍北還金史本傳凡法駕鹵簿皇后以下車輅鹵簿冠服祖器法物大樂教坊樂器祭器八寶九鼎圭璧渾天儀銅人刻漏占器景靈宮供器太清樓秘閣三館書天下州府圖及官吏內人內侍伎藝工匠府庫蓄積爲之一空宋欽宗紀七月賜宗翰鐵券除反逆外餘皆不問賜與甚厚宗翰奏河北河東府鎮州縣請擇前資官良能者任之以安新民上遣耶律暉等從宗翰行詔黃龍府路南路東京路於所部

各選如耶律暉者遣之宗翰遂趨洛陽宋董植以兵至鄭州鄭州人復叛宗翰使諸將擊董植軍復取鄭州遂遷洛陽襄陽潁昌汝鄭均房唐鄧陳蔡之民於河北而遣羅索平陝西外郡是時河東寇盜尚多宗翰乃分留將士夾河屯守金史本傳復取平陸渡河由解梁晉絳以歸雲中大金國志昏德公致書請立趙氏奉職修貢民心必喜萬世利也宗翰受其書而不答康王遣王師正奉表密以書招誘契丹漢人獲其書奏之太宗下詔伐康王河北諸將欲罷陝西兵併力南伐河東諸將不可曰陝西與西夏爲鄰事體重大史作事重

體大此從宏簡錄兵不可罷宗翰曰初與夏約夾攻宋人而夏人弗應而耶律達實在西北交通西夏吾舍陝西而會師河北彼必謂我有急難河北不足虞宜先事陝西略定五路旣弱西夏然後取宋宗翰蓋有意於夏人也議久不決奏請於上上曰康王構當窮其所往而追之俟平宋當立藩輔如張邦昌者陝右之地亦未可置而不取於是羅索芬徹原作蒲察帥師勝額原作繩果博勒和原作婆盧火監戰平陝西尼楚赫守太原耶律伊都留西京金史本傳宗翰自雲中下太行大金國志會東軍於黎陽津遂會睿宗於濮進兵東平府知府權邦彥

棄家宵遁降其城駐軍東平東南五十里復取徐州先是宋人運江淮金幣皆在徐州官庫盡得之分給諸軍（金史本傳）破襲慶府有欲伐孔子墓者誅之時漢兒將啟孔子墓宗翰問曰孔子何人通事高慶裔曰古之大聖人曰大聖人墓焉可伐盡殺之故闕里得全（大金國志）達蘭（原作撻懶）攻濟南（劉豫傳）宋知濟南府劉豫以城降乃遣巴爾斯（原作拔離速）烏淩阿（原作烏林答）托雲（原作泰裕）瑪武（原作馬五）襲康王於揚州未至百五十里瑪武以五百騎先馳至城下（史有揚州字此從宏簡錄）康王聞兵來已於前一夕渡江矣於是康王以書請存趙氏社稷先是康王

嘗致書元帥府稱大宋皇帝構致書大金元帥帳前至是乃貶去大號自稱宋康王趙構謹致書元帥閣下其四月七月兩書皆然元帥府答其書招之使降於是撻蘭宗弼巴爾斯瑪武等分道南伐宗弼之軍渡江取建康入於杭州康王入海阿里富埒琿原作蒲盧渾等自明州行海三百里追之弗及宗弼乃還金史本傳

先是康王既殺張邦昌及自明州入海亡去乃議更立其人劉豫傳雲中留守高慶裔獻議於宗翰曰吾君舉兵止欲取兩河故汴京既得而復立張邦昌後以邦昌廢逐故再有河南之役方今兩河州郡既下之

後而官制不易風俗不改者可見吾君意非貪大亦
欲循邦昌之故事也元帥可首建此議無以恩歸他
人宗翰從之遣高慶裔詢訪河南州郡求賢人建國
州郡迎合上意共推劉豫大金國志豫遷都於汴其後宋
主閤門宣贊舍人徐文將大小船六十隻軍七百人
來奔至密州界中率將佐至汴豫與元帥府書曰文
言宋主在杭州其候潮門外錢塘江內有船二百隻
宋主初走入海時於此上船過錢塘江別有河入越
州向明州定海口迤邐前去昌國縣其縣在海中宋
人聚船積糧之處今大軍可先往昌國縣攻取船糧

還趨明州城下奪取宋主御船直抵錢塘江口今自密州上船如風勢順可五日夜到昌國縣劉豫傳宗翰欲用徐文策伐江南金史本傳宗弼曰江南卑溼今士馬困憊糧儲未豐足恐無成功宗翰曰都監務偷安爾劉豫傳乃止金史本傳初太宗以舍音原作斜也為安班貝勒天會八年舍音薨久虛此位金史本傳十年本紀宗翰朝京師謂宗幹曰儲嗣虛位已久哈喇原作合剌先帝嫡孫當立不早定之恐授非其人宗翰日夜未嘗忘此遂與宗幹希尹定議入言於太宗請之再三太宗以宗翰皆大臣所言義不可奪乃從之遂立熙宗為安班貝勒

於是宗翰爲古倫原作國右論貝勒兼都元帥熙宗即位金史本傳入朝依詳校本增拜太保尙書令領三省事封晉國王乞致仕不許天會十五年薨傳作十四年依本紀改年五十八追封周宋國王金史本傳詔立廟大興府祀以天子禮樂大金志傳宗翰內能謀國外能謀敵決勝制勝有古名將之風臨潢既捷諸將皆有怠忽之心而請伐不已越千里以襲遼王諸將皆有畏顧之心而請期不已觀其欲置江淮專事陝服當時無有能識其意者甫釋干戈歛衽歸朝以定熙宗之位精誠之發孰可掩哉傳贊時國事大小皆總之雖卿相拜其前而不爲禮

太宗朝宗翰之專權主不能令至於命相亦取決焉大金志傳嘗令諸州郡置地牢深三丈分隔死囚居其下徒居中笞杖居其上外起夾城重塹以圍之又禁竊盜及一錢者死大金志紀濫刑毒政皆高慶裔教成之大金志傳大定四年上謂侍臣曰秦王宗翰有功於國何乃無嗣皆未知所對上曰朕嘗聞宗翰在西京坑殺匄降者千人得非其報耶世宗紀正隆二年例封金源郡王大定間改贈秦王謚桓忠大金志作忠獻圖像衍慶宮禮志配享太祖廟廷孫秉德色克原作斜哥秉德別有傳金史本傳

宗望本名斡喇布原作斡魯補又作斡里雅布原作斡离不太

祖次子也（金史本傳）性仁慈喜談佛道（大金志傳）每從太祖征伐（金史本傳）奇其爲人（大金志傳）常在左右（金史本傳）累更戰陣在軍中號爲菩薩太子（大金志傳）天輔六年三月（太祖紀）與都統杲出青嶺遇遼兵三百餘掠降人家貲獨與馬和尚馳擊生擒五人（宏簡錄）因審遼主尚在鴛鴦濼未去無疑也於是進兵遼主走陰山遼秦晉國王聶埒（原作捏里）自立於燕京新降州部人心不固杲使宗望請太祖臨軍宗望至京師百官入賀上曰宗望與十餘騎經涉兵寇數千里可嘉也上宴羣臣歡甚宗望奏曰今雲中新定諸路遼兵尚數萬遼主尚在陰山天德

之間而聶埒自立於燕京新降之民其心未固是以諸將望陛下幸軍中也上曰懸軍遠伐授以成算豈能盡合機事朕以六月朔啟行旣次大濼西南杲使希尹（原作古新）奏請徙西南招討司諸部於內地（金史本傳）上問當出何路（宏簡錄）宗望對曰中京殘敝芻糧不給由上京爲宜然新降之民遽爾騷動未降者必滋疑懼勞師害人所失多矣上京謂臨潢府也上迺下其議命軍帥度宜行之上聞遼主在大魚濼自將精兵萬人襲之普嘉努（原作蒲家奴）宗望率兵四千爲前鋒晝夜兼行馬多乏追及遼主於石輦驛軍士至者才千人

遼軍餘二萬五千方治營壘普嘉努與諸將議伊都原作余睹曰我軍未集人馬疲劇未可戰宗望曰今追及遼主而不亟戰日入而遁則無及矣遂戰短兵接遼兵圍之數重士皆殊死戰遼主謂宗望兵少必敗遂與嬪御皆自高阜下平地觀戰伊都示諸將曰此遼主麾蓋也若萃而薄之可以得志騎兵馳赴之遼主望見大驚卽遁去遼兵遂潰宗望等還上曰遼主去不遠亟追之宗望以騎兵千餘追之普嘉努爲後繼至烏里質鋒不及七字依本紀增太祖已定燕京命斡魯爲都統宗望副之金史本傳襲遼主於陰山將至青冢衆遇

泥濤不敢進獨與當堪（原作當海）四騎以繩繫[illegible]都統林牙達實（原作大石）使爲嚮導直至其營（宏簡錄）時[illegible]主已往應州其嬪御諸女見敵兵奄至驚駭欲奔[illegible]騎下執之有頃後軍至（金史本傳）降遼太叔呼拉哈（原作胡盧瓦）妃聶哷（原作捏里）次妃遼漢夫人並其子秦許二王女古裕（原作骨欲）伊林（原作餘里衍）斡里延（原作斡里衍）大額頁（原作[illegible]野）大次額頁趙王斡里延招討達魯（原作迪六）詳袞魯[illegible]錦（原作節六斤）度使伯特實古爾（原作孛疊赤狗兒 宏簡錄）凡得車萬[illegible]乘惟甯王雅里及其長女乘軍亂亡去（金史本傳）進至索勒[illegible]（原作[illegible]埽里門）爲書以招遼主（宏簡錄）遼主自金城來知其族屬

皆見俘卒兵五千餘決戰宗望以千兵擊[redacted]之相去百步遜去獲其子趙王實納哈原作習泥烈及傳[redacted]國璽金史本傳上於行在太祖喜錄諸帥功加以厚賞[redacted]賜以遼蜀國公主伊林遼主使穆隆阿原作謀盧瓦[redacted]鈕金印請降宗望受之視其文乃元帥燕國王之[redacted]復遣書招諭以石晉北遷事又遣使諭夏國曲示[redacted]好以沮其救遼之心進兵趨天德獲遼耶律慎思[redacted]人烏舍原作吳十同言夏國迎護遼主渡河傳檄諭之[redacted]欲附我當執送遼主若猶疑貳恐有後悔無何使[redacted]問棟摩原作闍母敗狀就以其軍討張覺降瀕海郡縣[redacted]戰南京

城東覺敗奔入於宋城中人執其父及二子來獻宗望殺之賞有功將士各有差移書責宋納叛且徵軍糧請空名宣頭增信牌安撫新降之民詔以新附長吏職員仍舊命諸路轉輸軍糧勿督於宋宏簡錄給銀牌十空名宣頭五十道金史本傳其遷潤來隰四州人徙於瀋州者俟畢農各復其業方遣使以詔書宣諭張敦固等出降使者與俱入城收兵城中人復殺之立敦固爲都統刼府庫掠居民乘城拒守引兵八千分四隊出戰又大敗敦固等以屢嘗拒戰不敢遽降再三開諭許其望闕遥拜乃開一門遣棟摩入奏下詔

赦南京官民罪無大小皆釋之官職如[redacted]別飭有司輕徭賦勸稼穡閒比歲不登若如舊徵[redacted]民匱乏乃度其糧數賦之射糧軍願爲民者使復[redacted]里時遷潤來隰之民尙保山砦亦從其請特選良[redacted]招撫俄召赴闕宋兵三千自海道來破九寨殺馬[redacted]縣戍將圖爾鳴原作盧斡取其銀牌兵仗及馬而去又[redacted]董貫郭藥師治軍燕山乃首建伐宋之策奏曰若不[redacted]伐宋必爲後患上意決以監棟摩劉彥宗兩軍宏[redacted]錄[redacted]自燕山路伐宋金史本傳初破檀薊州時郭藥師已屯東[redacted]蔡靖出金帛犒軍行至三河藥師戈甲鮮明步伍[redacted]肅金人

初見亦懼宗望乃東向望日而拜號令諸部而進張令嶶先遁金人力追之大金志紀破郭藥師兵四萬五千於白河金史本傳未幾藥師降大金志傳遂取燕山府盡收其軍實馬萬疋甲胄五萬兵七萬州縣悉平宋中山戍將王彦劉璧率兵二千來降金史本傳宗望留蔡靖守燕引兵向闕以藥師爲前驅圍中山府時太史局占帝星復明怪之已而嶶宗內禪宗望大驚欲回藥師曰南朝未必有備不如姑行至信德府不移時遂克執守臣楊信功大金志紀次邯鄲宋李鄴請修舊好宗望留軍中不遣自藥師降益知宋之虚實請以爲燕京留

守宗望字依詳校本删下同及董才降益知宋之地理請任以軍事太宗俱賜姓完顔氏皆給以金牌金史本傳天會四年正月己巳太宗紀諸軍渡河取滑州使吳孝民入汴以詔書問納平州張覺事令執送童貫譚稹詹度以黄河爲界納質奉貢金史本傳先是内侍梁方平領軍在河北鐵騎至倉卒奔潰時南面守橋者望見金人旗幟燒斷橋纜陷没凡數千人金人因不得濟方平既潰何灌軍亦奔散宋師在河南者無一人遂取小舟以濟凡五日騎兵方絶步兵猶未渡也初至邢鄲遣郭藥師爲前驅付以千騎藥師求益復以千騎與之藥

師疾驅三百里質明遂至濬州癸酉圍宋京師藥師先嘗打毬於牟駝岡知天駟監有馬二萬疋芻豆山積至是導宗望奄而取之宗望曰南朝若以二千人守河我豈得渡哉尋攻通天景陽門又攻陳橋封邱衞州門（大金志紀）宋少帝請為伯姪國效質納地增歲幣請和遂割太原中山河間三鎮書用伯姪禮以康王構太宰張邦昌為質沈晦以誓書三鎮地圖至軍中歲幣割地一依定約（金史本傳）二月丁酉與宋平退軍孟陽是夜姚平仲兵四十萬來襲候騎覺之分遣諸將迎擊大破平仲軍復進攻汴城問舉兵之狀少帝大

恐使宇文虛中來辨曰初不知其事且將加罪其人宗望輒弗攻改肅王樞爲質康王構遣歸師還河北兩鎮不下遂分兵討之罷常勝軍傳有宗望字給還燕人田業命將士分屯安肅雄霸廣信之境已還作此依宏簡錄史燕人田業命將士分屯安肅雄霸廣信之境已還宗望此依山西金史常勝軍三千人乃遼人叛歸宋宏簡錄本傳至是又叛歸金宗望乃遣各人還歸本土居住爲名問曰天祚待汝如何曰甚厚趙皇如何曰尤厚宗望曰天祚待汝厚汝反趙皇待汝尤厚汝又反我今以金帛與汝等汝定是亦反我無用爾等於是皆惶恐而退既行遂遣四千騎以搜檢器械爲名於松亭關

皆殺之或云太子本仁慈此受粘罕教使也大金志傳未
幾爲右副元帥有功將士遷賞有差本傳金史八月詔復
伐宋會諸將發自保州耶律鐸破宋兵三萬於雄州
殺萬餘人納延那野原作敗宋軍七千於中山高陸高六原作
董才又破宋兵三千於廣信降其軍又旁近縣鎭宋
种師閔軍四萬駐井陘宗望大破之遂取天威軍東
還克真定殺知府李邈得戶三萬降其五縣宏簡錄劉
彦宗勸宗望試真定儒士七十二人授以敕命大金志紀
遂自真定趨汴十一月戊辰宗望至河上降魏縣諸
軍渡河留諸將分出大名之境降臨河縣至大名縣

德清軍開德府皆克之金史本傳阿里庫里原作阿里改以騎兵三千取胙城先趨汴破宋軍六千於路[illegible]城覆宋兵千人擒其數將因分遣諸將遏宋援兵閏月壬辰朔宋兵一萬自汴京出戰選勁勇五千使當堪呼嚕原作忽魯楚古爾原作雖古失擊敗之宏簡錄駐軍劉家寺粘罕繼至環城列栅分地爲攻拔之計大金志傳丙辰宋京師破大金志紀破城時屢欲血洗數次登門望城中有黃旗兵將在空中不可洗遂止然主洗城者粘罕與劉監軍太子不與焉蓋其性善耳大金志傳辛酉宋少帝詣軍前十二月癸亥宋帝奉表降上使勛就軍中勞賜四月

大軍北還分諸將鎮守河北宗望乃西上涼陘宏簡錄詔曰自河之北今既分畫重念其民見城邑有被殘者遂阻命堅守其申諭招集安全之儻堅執不移自當致討若諸軍敢利於俘擄輒肆毀蕩者當底於罰金史本傳六月庚辰太宗紀宗望薨宗望打毬冒熱以水沃胸背致傷寒大金志往御寨離燕山七百里到涼殿病亡族人皆剺面號哭趙子砥燕雲錄天會十三年封魏王皇統三年進許國王又徙封晉國王天德二年晉太師加遼燕國王配享太宗廟廷正隆二年例降封大定三年改封宋王謚桓肅圖像衍慶宮五字依詳校本增子齊

文京金史本傳
齊本名舒蘇原作受速長身美髯天眷三年[redacted]宗室子授
鎭國上將軍皇統元年遷光祿大夫正[redacted]六年遷銀
青榮祿大夫大定初遷特進加武安軍[redacted]度使留京
師奉朝請齊以近屬上所寵遇而性庸[redacted]無材能大
定三年罷節度官給三品俸累官特進[redacted]弟文金史本傳
本名呼喇原作胡剌皇統間授世襲穆昆加[redacted]國上將軍
文本傳歷官昌武武定二軍節度使留京師[redacted]朝請降
德州防禦使宏簡錄京本名呼嚕原作忽魯累遷[redacted]特進除翰
林學士承旨兼修國史加開府儀同三司[redacted]本傳歷工

禮兵三部尚書判大宗正事封曹王除河間尹正隆例降瀋國公北京留守居喪起復益都尹降灤州刺史改絳陽軍節度使世宗即位來見於桃花塢復判大宗正事封壽王宏簡錄皆以謀反誅世宗盡以其家財產與齊之子耀珠原作斡住詔齊妻曰汝等皆當緣坐有至大辟及流竄者朕念宋王故置而不問且以其家財產賜汝子宜悉朕意十五年上召英王爽謂曰卿於諸王公主女子中爲耀珠擇婚其禮幣命有司給之俄襲叔父京山東西路特默齊原作徒母堅明安金史本傳

宗磐本名富勒呼（原作蒲魯虎）太宗子天輔五年都統杲取中京宗磐與宗翰宗幹宗望皆爲之副（史有斡魯字無宗望字此依本紀改）天會十年爲古倫烏赫哩（原作國倫胡魯）貝勒熙宗卽位爲尚書令封宋國王未幾拜太師與宗幹宗翰並領三省事熙宗優禮宗室宗翰沒後宗磐日益跋扈嘗與宗幹爭論於上前卽上表求退[illegible]貝奏曰陛下富於春秋而大臣不協恐非國家之福熙宗因爲兩解宗磐愈驕恣其後於熙宗前持刀向宗幹都點檢蕭仲恭呵止之旣而左副元帥達蘭（原作撻懶）東京留守宗雋入朝宗磐陰相黨與而宗雋遂爲右丞相用

事達蘭屬尊功多先薦劉豫立爲齊帝至是復倡議以河南陝西地與宋使稱臣熙宗命羣臣議宗室大臣皆言其不可獨宗磐宗雋助之卒以與宋其後宗磐宗雋達蘭謀作亂宗幹希尹（原作古新）發其事熙宗下詔誅之坐與宴飲者皆貶削決責有差赦其弟呼拉布（原作斛魯補）等九人並赦達蘭出爲行臺左丞相皇后生日宰相諸王妃主命婦入賀熙宗命去樂曰宗磐等皆近屬輒構逆謀情不能樂也以黃金合及兩銀鼎獻明德宫太皇太后並以金合銀鼎賜宗幹希尹焉（金史本傳）

宗固本名呼嚕(原作胡魯)天會十五年爲燕[redacted]留守封幽
王皇統二年爲判大宗正三年爲太保[redacted]丞相兼中
書令是歲薨(金史本傳)其弟(宗磐傳)宗雅本名[redacted]布(原作斛魯
補)封代王宗偉本名阿里布(原作阿魯補)封[redacted]王宗英本
名呼沙呼(原作斛沙虎)封滕王宗懿本名阿[redacted](原作阿鄰)封薛
王宗本本名阿嚕(原作阿魯)封原王呼蘭(原作鶻[redacted])封翼王宗
美本名呼爾察(原作胡里甲)封豐王寶圖美(原[redacted]作神土[redacted]門)封鄆
王哈必蘇(原作斛孛束)封霍王沃哩(原作斡烈)封[redacted]王宗哲本
名和碩(原作鶻沙)封畢王皆天眷元年受封宗[redacted]順本名阿
嚕岱(原作阿魯帶)天會二年薨皇統五年贈金[redacted]光祿大

夫後封徐王宗磐旣誅熙宗使宗固子京往燕京慰
諭宗固旣而翼王呼蘭復與行臺左丞相達蘭等謀
反伏誅因降封太宗諸子且下詔曰燕京留守豳王
宗固等或謂當絕屬籍朕所不忍宗固等但不得稱
皇叔其母妻封號從而降者審依舊典復封宗雅爲
代王海陵在熙宗時見太宗諸子勢彊而宗磐尤跋
扈與呼蘭相繼皆以逆誅心忌之熙宗厚於宗室禮
遇不衰海陵嘗與秉德唐古辯私議主上不宜寵遇
太宗諸子太甚及簒立謁奠太廟韓王亨素號材武
使攝右將軍密諭之曰爾勿以此職爲輕朕疑太宗

諸子太彊得卿衛左右可無慮耳遂與秘書監蕭裕謀去宗本兄弟太宗諸子於是焉盡金史本傳君子於此可以觀世變矣金史傳贊

# 吉林通志卷七十九

## 人物志八　金七

希尹　守貞
宗幹　充
永元　襄
袞　宗弼
亨　偉
達蘭

希尹本名古新原作谷神金史本傳一名悟室原作[illegible]兀室大[illegible]國志罕都原作歡都之子也金史本傳母妊三十四月生名[illegible]悟室乃三

十也長而身七尺餘言如巨鐘面貌長而黄色少鬚髯常閉目坐怒睛如環神麓記而夜有光爲人深密多智大金國志動静禮法軍旅之事暗合孫吴自謂不在張良陳平之下神麓記自太祖舉兵常在行陣金史本傳同爲謀主大金國志或從太祖或從薩哈原作撒改或與諸將征伐比有功金史本傳金人初無文字國勢日强與鄰國交好迺用契丹字太祖命希尹撰本國字備制度希尹乃依仿漢人楷字因契丹字制度合本國語製女直字天輔三年八月字書成太祖大悦命頒行之賜希尹馬一匹衣一襲其後熙宗亦製女直字與希尹所製

字俱行用希尹所撰謂之女直大字熙宗所撰謂之小字金史本傳滅遼國爲先鋒巡進入新川州節度使王從輔詣降又從破東京上京大金國志遼人達魯原作和迪六尚伊勒希原作雅里斯棄中京走希尹與實古納原作迪古乃羅索原作婁室伊都原作余覩襲之達魯等聞希尹兵復走遂降其旁近人民而還金史本傳奚人羅和原作落虎來降復使招其父西節度使額哩埒原作訛里剌以本部降宏簡錄天輔六年二月太祖紀宗翰駐軍北安遣希尹經略近地獲遼護衛實納埒原作習泥烈知遼主獵於鴛鴦濼金史本傳以其子晉王賢而有人望惡而殺之衆益離心雖有

西北西南兩路兵馬皆羸弱進兵襲之紀太祖遼主以輕騎遯去宗翰襲遼帝於五院司希尹爲前驅金史本傳所將纔八騎與戰一日三敗之降八瑪展原作麻吉言遼主在漠委輜重將奔西京追至伊蘇原作乙室部不及而還錄宏簡七年二月宋使趙良嗣來請加歲幣以代燕稅及議畫疆并計議西京等事紀太祖趙良嗣至軍前希尹曰皇帝言趙皇大度我增百萬一言不辭今求西京何辭以拒然其民卻待還去良嗣曰若止空城安用之希尹笑曰此無他皇帝意欲南朝犒賞諸軍耳未幾以燕山六州歸於宋先是盧益與寗朮割至

燕山金人止之以候犒師金帛已乃得見希尹等索百萬租賦方交割城子宋使趙良嗣請以十萬之數希尹笑而不答復云二十萬希尹曰此一小縣之數也皇帝已與兩府議不須論租賦止於歲幣外增一百萬緡儻有難色不如且晝契丹故疆良嗣力爭不勝自是國中有背盟意卒啟兵端大金國志天會二年遼主天祚率諸軍出夾山南下武州遇希尹軍戰於奄遏下水希尹率山西漢兒鄉兵爲前驅以國兵千餘騎伏山間遼兵驚潰天祚奔山金司與小胡魯謀南歸精兵五千人希尹遣婁室勃堇領五百騎擊之殲

焉遂禽天祚大金國志及宗翰入朝希尹權西南西北兩路都統是時夏人已受盟遼主已獲耶律達實原作大石自立而夏國與羅索書責諸帥棄盟軍入其境多掠取者希尹上其書且奏曰聞夏使人約達實取山西諸部以臣觀之夏盟不可信也上曰夏事酌宜行之軍入其境不知信與否也達實合謀不可不察其嚴備之金史本傳其後伊都謀反希尹自雲中聞其事見二人交馬議事伊都事覺伏誅大金志傳及大舉伐宋希尹爲元帥右監軍再伐宋執二主以歸師還賜希尹鐵劵除常赦史作當赦依宏簡錄改不原之罪餘釋不問宗翰伐

康王希尹追之於揚州康王遂去後與宗翰俱朝京師請立熙宗爲儲嗣太宗遂以熙宗爲安班貝勒及熙宗即位希尹爲尚書左丞相兼侍中加開府儀同三司希尹爲相有大政皆身先執咎天眷元年乞致仕不許罷爲興中尹二年復爲左丞相兼侍中俄封陳王與宗翰共誅宗磐宗雋金史本傳希尹嘗副宗翰用事雖爲諸將所忌而嘗以智得免宗翰以下皆不能及也然熙宗畏其智數深切忌之大金國志三年賜希尹詔略曰金史本傳開府儀同三司尚書左丞相陳王希尹猥以軍旅之勞寖備宰輔之列陰懷險忍出其天資

蔑視同寮事輒異論密植黨與肆爲誕謾外擅國家之利內睽骨肉之恩日者帥臣密奏奸狀已萌心在無君言宣不道逮燕居而竊議謂神器以何歸稔於聽聞遂致彰敗（金史節要）遂賜死并殺右丞蕭慶并希尹子（金史本傳）昭武大將軍（宏簡錄）同修國史巴達（原作把答）符寶郎滿達（原作漫帶）是時熙宗未有皇子故嫉希尹者以此言譖之（金史本傳）初客星守魯希尹占之太史曰不在我分野外方小災無傷未幾七月宋兗魯虞滕諸王同日誅死至九月客星守陳太史以告宇文宇文以語之希尹不以爲怪是月果同蕭慶誅其應天道如此

大金國志皇統三年上知希尹實無他心而死非其罪金史本傳宗憲復以爲言本紀贈希尹儀同三司邢國公改葬之蕭慶銀青光祿大夫天德三年追封豫王正隆二年例降金源郡王大定十五年謚貞憲金史本傳圖像衍慶宮配享太祖廟廷依詳校本增明昌五年正月以頁嚕原作頁魯希尹爲女直字詔加封贈陳言者謂頁魯希尹二賢剏置女直文字乞各封贈名爵建立祠廟令女直漢人諸生隨拜孔子之後拜之有司謂頁嚕難以致祭若金源郡貞獻傳作貞憲王希尹則已配享太廟矣亦難特立廟也有旨令再議之禮官言前代無剏製

文字入孔子廟故事如於廟後或左右置祠令諸儒就拜亦無害也尚書省謂若如此恐不副國家厚功臣之意遂詔令依蒼頡立廟於盩厔例爲立廟於上京納爾琿莊金史禮志歲時致祭令其子孫拜奠本路官一人及本千戶春秋二祭章宗紀所用諸物從宜給之金史禮志

孫守道守貞守能守道自有傳金史本傳

守貞本名蘇頁宏簡錄作左黶貞元二年襲祖穆昆大定初充符寶祇候宏簡錄授通進除彰德軍節度副使遷北京留守移上京金史本傳坐娶安置契丹戶民女杖責除名宏簡錄二十五年起爲西京警巡使世宗愛其剛直

授中都左警巡使遷大興府治中進同知改同知西京留守事御史臺奏守貞治有善狀世宗因謂侍臣曰守貞勳臣子又有材能全勝其兄守道他日可用也章宗卽位召爲刑部尚書兼右諫議大夫守貞與修起居注張暐奏言唐中書門下入閤諫官隨之欲其預聞政事有所開說又起居郎起居舍人每皇帝視朝左右對立有命則臨階俯聽退而書之以爲起居注緣侍從官每遇視朝正合侍立自來左司上殿諫官修起居注不避或侍從官除授及議便遣始令避之比來一例令臣等迴避及香閤奏陳言文字亦

不令臣等侍立則凡有聖訓及所議政事臣等無緣得知何所記錄何所開說似非本設官之義若漏泄政事自有不密罪上從之尋爲賀宋生日使還拜參知政事（金史本傳）時上新政銳意於治嘗問漢宣帝綜核名實之道因誦樞機詳密品式詳備以對上曰行之果何始答曰在陛下厲精無倦耳（宏簡錄）久之進尚書左丞授上京世襲穆昆明昌三年夏旱天子下詔罪已守貞惶恐表乞解職詔曰天嗇時雨荐歳爲災所以警懼不遑方與一二輔弼圖回遺闕宜思有以助朕修政上答天戒消沴召和以康百姓卿達機務朕

所親倚而引咎求去其如忠助何守貞懇辭乃出知東平府命參知政事瓜爾佳原作夾谷衡諭之曰卿勳臣之裔早登膴仕才用聲績朕所素知故嗣位之初擢任政府於今數載毗贊實多既久任繁劇宜均適逸矧內外之職亦當更治今特授卿是命東平素號雄藩兼比年饑歉正賴經畫卿其爲朕往綏撫之仍賜金幣廄馬以寵其行他日上問宰臣守貞治東平如何對曰亦不勞力上曰以彼之才治一路誠有餘矣右丞劉暐曰方今人才無出守貞者淹留於外誠可惜也上默然尋改西京留守監察御史富拉塔原作

蒲剌都劾奏守貞前賜北部有所受事不報右拾遺路
鐸上章辯之四年召拜平章政事封蕭國公上御後
閤召守貞曰朕以卿乃太師所舉故特加委用然比
者行事多太過門下人少慎擇復與丞相不協以是
令卿補外載念我昭祖太祖開㓕以來乃祖佐命積
有勳勞茲故召用卿其勉盡乃心與丞相議事宜相
和諧率循舊章毋輕改革因賜玉帶併以富拉塔所
彈事與之曰朕度卿必不爾故以示卿舊制監察御
史凡八員漢人四員皆進士而女直四員則文資右
職參注守貞曰監察乃清要之職流品自異俱宜一

體純用進士一日奏事次上問司吏移轉事守貞曰今吏權重而積弊深移轉爲便上嘗歎文士卒無如党懷英者守貞奏進士中若趙渢王庭筠甚有時譽上曰出倫者難得爾守貞曰間世之才自古所難國家培養久則人材將自出矣守貞因言國家選舉之法惟女直漢人進士得人居多此舉更宜增取其諸司局承應人舊無出身大定後才許敘用史作敘使此依宏簡錄經童之科古不常設唐以諸道表薦或取五人至十人近代以爲無補罷之本朝皇統間取及五十人因爲常選天德間尋又停罷陛下即位復立是科朝

廷放及百數誠恐積久不勝銓擬宜稍裁減以清流
品又言節用省費之道並嘉納焉先是鄭王允蹈等
伏誅上以其家產均給諸王戶部郎中李敬義言恐
因之生事上又以董壽爲宮籍監都管勾並下尚書
省議守貞奏陛下欲以允蹈等家產分賜懿親恩命
已出恐不可改今已減諸王弓矢府尉司其出入臣
以爲賜之無害如董壽罪人也特恩釋之已爲幸矣
不宜更加爵賞上是守貞所言自明昌初北邊屢有
警或請出兵擊之上曰今方南議塞河而復用兵於
北可乎守貞曰彼屢突軼吾圍今一懲之後當不復

來明年可以見矣上因論守禦之法守貞曰惟有皇統以前故事捨此無法爾守貞讀書通法律明習國朝故事時金有國七十年禮樂刑政因遼宋舊制雜亂無貫章宗即位乃更定修正爲一代法其儀式條約多守貞裁訂故明昌之治號稱清明又喜推轂善類接援後進朝廷正人多出入門下先是上以疑忌誅鄭王允蹈後張汝弼妻高托噶原作陀斡獄起意又若在鎬王允中時右諫議大夫賈守謙上疏陳時事思有以寬解上意右拾遺路鐸繼之言尤切直帝不悅守貞持其事獄久不決帝疑有黨乃出守貞知濟南

府事仍命郎辭前舉守貞者董師中路鐸皆補外上語宰臣曰守貞固有才力至其讀書方之眞儒則未也然太邀權譽以彼之才而能平心守正朝廷豈可少離今茲令出蓋思之熟矣俄以在政府日嘗與近侍竊語宮掖事而妄稱奏下上命有司鞫問守貞款伏奪官一階解職遣中使持詔責諭之曰挾姦罔上古有常刑史作古人依詳校本改結援養交臣之大戒孰謂予相乃蹈厥辜爾本出勳門寖登膴仕朕初嗣位亟欲用卿未閱歲時陞爲宰輔每期納誨共致太平蓋求所長不考其素拔擢不爲不峻任用不爲不專曾報

效之弗思輒私權之自樹交通近侍密問起居窺測上心預圖趨向繇患失之心重故欺君之罪彰指所無之事而妄以肆誣實未始有言而謂之嘗諫義豈知於歸美意專在於要君其飾詐之若然豈爲臣之當爾復觀彈奏益見私情求親識之援而列布宮中縱罪廢之餘而出入門下而又凡有官使斂爲已恩謂皆涉於回邪不宜任之中外質之清議固所不容揆之乃心烏得無愧姑從輕典庸示薄懲金史本傳承安元年降授河中防禦使五年改傅勒和扎薩克部原作火扎石合節度使久之遷知大興府事史作都府依詳校本改時南

鄜用兵山東重地須得大臣安撫復移知濟南卒宏簡錄上聞而悼之敕有司致祭賻贈禮物依故平章政事富察原作蒲察通例謚曰肅守貞剛直明亮凡朝廷議論及上有所問皆傳經以對上嘗與泛論人材守貞乃迹其心術行事臧否無少隱故爲胥持國輩所忌竟以直罷後趙秉文由外官入翰林遽上書言願陛下進君子退小人上問君子小人謂誰秉文對君子故相完顏守貞小人今參知政事胥持國金史本傳帝甚嘉之守道傳曹昂賦冷巖相公所居詩云或爲孟或爲鍾人心自與山本同天清雲遠望不極小孤宛在江

流中澗之毛可筐筥山之木可斤斧唯有白雲高崔
嵬風吹不消自太古峴山何奇羊子所攀東山何秀
謝公往還今爾胡爲藉甚乎人間吁嗟乎冷山注冷
巖賢宰相宗室守貞自號也中州集其爲天下推重如
此金史本傳
宗斡本名斡布原作斡本太祖庶長子金史本傳次室費摩原作
裴滿氏生宏簡錄后妃傳太祖伐遼遼人來禦遇於境上使宗
斡率衆先往塡塹士卒畢度渤海軍馳突而前左翼
七穆昆少卻遂犯中軍杲輒出戰太祖曰遇大敵不
可易也使宗斡止杲宗斡馳出杲前控止導騎齊達

馬杲乃還達嚕噶原作達魯古城之戰宗幹以中軍爲疑兵太祖既攻下黄龍府即欲取春州遼主聞黄龍不守大懼即自籍宗戚豪右少年與四方勇士及能言兵者皆隸軍中宗幹勸太祖毋攻春州休息士卒太祖以爲然遂班師宗幹得降人言泰州無守備可取於是舍音原作斜也取泰州宗雄宗幹下金山縣宗雄即以兵三千屬宗幹招集未降諸部宗幹擇士人之材幹者以詔書諭之於是孟古原作女固脾室四部及渤海人皆降太祖克臨潢府至沃赫原作沃黑河宗幹諫曰地遠時暑士罷馬乏若深入敵境糧餫不繼恐有後艱

上從之遂班師從都統杲取中京（金史本傳）宗翰移書於杲請進兵使者再往（杲傳）杲不能決宗幹謂杲曰伊拉齊（原作移賚）貝勒灼見事機再使來請彼必不輕舉且彼已發兵不可中止請從其策再三言之杲乃報宗翰會奚王嶺（金史本傳）期於羊城濼會軍（宗翰傳）襲遼至五院司（金史本傳）復破耿守忠兵當時無宗幹言杲終無進兵意（宏簡錄）太宗即位以宗幹爲古倫（原作國論）貝勒與舍音同輔政天會三年（金史本傳）遼主既獲（宏簡錄）始議禮制度正官名定服色興庠序設選舉治歷明時皆自宗幹啟之四年官制行詔中外十年熙宗爲安班貝勒宗

斡爲古倫左貝勒熙宗卽位拜宗幹太傅與宗翰等並領三省事天眷二年進太師封宋國王入朝不拜策杖上殿仍以杖賜之宗幹有足疾詔設座奏事無何監修國史皇統元年賜宗幹輦輿上殿制詔不名上幸燕京宗幹從有疾上親臨問自燕京還至野狐嶺宗幹疾亟不行復臨問史作上親臨問此依宏簡錄語及軍國事上悲泣不已明日上及后同往視后親與宗幹饋食至暮而還金史本傳因赦罪囚以禳五月己酉薨宏簡錄上哭之慟輟朝七日大臣死輟朝自宗幹始上致祭是日庚戌太史奏戌亥不宜哭上不聽曰朕幼沖時

太傅有保傅之力金史本傳君臣之義骨肉之親豈可避之遂哭之慟熙宗紀上生日不舉樂上還上京幸其第視殯事及喪至上京上臨哭之及葬臨視之海陵篡立追謚遠古宏道文昭武烈章孝睿明皇帝廟號德宗以故第爲興聖宮大定二年除去廟號改謚明肅皇帝及海陵廢爲庶人二十二年皇太子允恭奏略曰追維熙宗世嫡統緒海陵無道弑帝自立崇正昭穆削其煬王俾齒庶人之列瘞之閒曠不封不樹既已申大義而明至公矣海陵追崇其親逆配於廟今海陵既廢爲庶人而明肅猶竊帝尊之名列廟祧之

數海陵大逆正名定罪明肅亦當緣坐是時明肅已殂不與於亂臣以爲當削去明肅帝號止從舊爵或從太祖諸王有功例加以官封明詔中外俾知大義書奏世宗嘉納下尙書省議於是追削明肅帝號封爲皇伯太師遼王謚忠烈妻子諸孫皆從封降明昌四年配享太祖廟廷子充亮兖襄亮是爲海陵庶八（金史本傳）宗幹不幸而有海陵故其子孫之昌熾旣鮮而亦不免於僇辱焉（本傳贊）然金國初建（宗雄傳）庶事草創（禮志）宗幹經始之功（本傳贊）孰可掩哉（宗翰傳贊）

充本名實圖美（原作神土濾）母李氏千戶李靖之妹曰金

哥松漠紀聞作徒單氏海陵紀原作嫡母圖克坦氏海陵撫爲子熙宗初加
光祿大夫天眷間爲汴京留守皇統間封淄國公爲
吏部尚書進封代王遷同判大宗正事九年拜右丞
相是歲薨追封鄭王大定二十二年追降儀同三司
左丞相子塔納原作檀奴元努原作元奴額布勒原作耶補兒阿里
布原作阿里白
永元字信禮本名元努原作元奴幼聰敏日誦千言皇統
元年試宗室子作詩永元中格善左氏春秋通其大
義天德初授博諾原作百文山世襲明安海陵伐宋已渡
淮軍士多亡歸而契丹叛由是疑宗室益甚已殺永

元弟塔納原作檀奴阿里布原作阿里白而丞元與弟額布勒原作耶補兒逃匿得免世宗卽位於遼陽與額布勒俱來歸上慰勞甚厚授宗正丞改符寶郎爲灤州刺史授世襲明安乞以穆昆與額布勒詔許之轉棣州防禦使泰甯軍節度使張宏信通檢山東專以多得民閒物力爲功督責苛急丞元面責宏信曰朝廷以差調不均立通檢法今使者所至以殘酷妄加農民田產箠擊百姓有至死者市肆賈販有贏虧田園屋宇利入有多寡故官子孫閉門自守使與商賈同處上役豈立法本意哉宏信無以對自是棣州賦稅得以實

自古遷震武軍節度使大定六年丁母憂起服崇義軍節度使徙順義軍朔州西境多盜而猾吏大姓又蠹獄訟又字依詳校本增晉亂賦役永元剔其宿姦百姓安之金史本傳會與濬州防禦使斡論坐孳畜小過俱解職頃之起爲保大軍節度使歷昭義絳陽震武軍遷濟南尹北京副留守改興中尹終彰德軍節度使年五十一宏簡錄喪過中都遣使致祭賻銀三百兩綵十端絹百匹永元歷典大藩多知民間利害所至稱治相棣順義政迹尤著其民並爲立祠金史本傳

兗本名梧桐皇統七年爲左副點檢轉都點檢九年

爲會甯牧改左宣徽使海陵篡立兖使宋還拜司徒兼都元帥領三省事進拜太尉金史本傳賜以太祖妃蕭氏財產宏簡錄罷都元帥府立樞密院兖爲樞密使太尉領三省事如故天德四年十二月晦薨明日貞元元年元旦海陵爲兖輟朝不受賀宋夏高麗回鶻賀正旦使命有司受其貢獻又進兖王爵大定二十二年追降特進子阿哈大定中爲符寶祗候俄遷同知武定軍節度使上曰汝歲秩未滿朕念乃祖乃父爲汝遷官勿爲不善當盡心學之金史本傳

襄本名永慶海陵母弟爲輔國上將軍卒天德二年

追封衞王再贈司徒大定二十二年追降銀青光祿大夫子和尙應封國公賜名樂善金史本傳大定閒家奴小僧月一妄言和尙寢有異徵襄妃僧酷以爲信然召日者李端卜之云當爲天子司天張友直亦云當大貴刖奴李添壽上變下僧酷和尙於獄驗問有狀皆伏誅宏簡錄上曰朕嘗痛海陵翦滅宗族今和尙所爲如此欲貸其罪則妖妄誤惑愚民者便以爲眞不可不滅朕於此子蓋不得已也傷閔者久之金史本傳

衮本名富勒堅原作蒲甲亦作博洽桀驁强悍金史本傳初爲輔國上將軍天德初加特進封王爲吏部尙書判大

宗正事坐語禁中起居狀與承旨宗秀護衛麻吉小底王之章皆決杖有差（宏簡錄）未幾授明安及遷中都道中以爲西京留守西京兵馬完顏穆隆阿（原作謀盧瓦）與富勒堅有舊同在西京遂相往來富勒堅嘗以玉帶遺之（金史本傳）稱其驍勇不減尉遲敬德編修官圓福努（原作福奴）之妻與富勒堅姻戚圓福努嘗戒富勒堅曰大王名太彰宜少謙晦（金史本傳）家奴哈里（原作喝里）知海陵疑之乃上變言與穆隆阿等謀反嘗召日者問天命御史大夫高楨刑部侍郎耶律賽音（原作耶律慎）就西京鞫之無狀海陵怒使人往械至中都不復究問斬之

於市金史本傳

宗弼本名烏珠原作斡啜又作兀朮亦作斡出或作晃斡出太祖第四子也金史本傳元妃烏庫哩原作烏古論氏生宏簡錄生時穹廬中鬱鬱有氣爲人豪蕩膽勇過人猿臂善射遇戰酣出入陣中部眾憚之大金志傳同兄宗望在軍嘗率百騎馳擊盧孛古伊勒希原作野里斯等敗之矢盡奪遼兵士槍獨殺八人仍同襲取遼主於鴛鴦濼宏簡錄既滅遼駸駸氣餒虎視中原大金志紀及宗望伐宋宗弼從軍取湯陰縣降其卒三千人至御河宋人已焚橋不得渡克爾叟原作合魯索以七十騎涉之殺宋焚

橋軍士五百人宗望遣吳孝民入汴諭宋人宗弼以三千騎薄汴城宋上皇出奔選百騎追之弗及獲馬三千而還金史本傳復從宗輔徇地淄青敗宋鄭宗孟數萬衆遂克青州復破賊將趙成并黃瓊軍取臨朐軍還遇敵三萬於河上擊敗之殺萬餘人宏簡錄天會六年七月宋主遣使奉表請和詔進兵伐之太宗紀宗弼攻開德府糧乏轉攻濮州前鋒烏凌阿原作烏林荅托雲原作太裕破王善二十萬衆遂克濮州降旁近五縣金史本傳復攻開德府先登奮擊破之攻大名軍復先登河北平宏簡錄宋主自揚州奔於江南宗弼軍分道伐之進

兵歸德城中有自西門北門出者當堪原作當海復敗之乃絶隍築道列礮隍上將攻之城中人懼遂降金史本傳又攻下睢陽至壽春宋安撫使馬世元率官屬出迎進下廬州再降巢縣王善軍宏簡錄當堪等破鄜瓊萬餘衆於和州渡江將至江寗西二十里宋杜充率步騎六萬來拒戰呼拉布原作鶻盧補當堪達呼原作大臭迪虎合擊破之宋陳邦光以江寗府降留長安努原作長安奴烏哩雅原作斡里也守江寗使阿里布原作阿魯補烏哩雅别將兵徇地下太平州濠州及句容溧陽等縣泝江而西屢敗張永等兵杜充遂降宗弼自江寗取廣德軍

路金史本傳進兵過獨松嶺曰南朝可謂無人若以羸兵數百守此吾豈能遽渡哉大金志紀追襲宋主於越州至湖州取之金史本傳遂至餘杭官守巨室皆逃去遂克杭州留城中宋主走入於海分麾下兵會攻明州克之而自引兵取秀州與平江宏簡錄回至鎭江韓世忠以舟師扼江口宗弼舟小契丹漢軍沒者二百餘人金史本傳於是宗弼循北岸世忠循南岸且戰且行世忠艨艟大艦數倍宗弼軍出宗弼軍前後數里擊柝之聲自夜達旦世忠以輕舟挑戰一日數接將至黃天蕩乃因老鸛河故道開三十里通秦淮一日一夜而成

金史本傳次早出舟世忠尾擊敗之大金志紀宗弼刑白馬殺婦人自刃其額以祭天大金志傳終不得濟乃揭榜募人獻所以破海舟之策有教其於舟中載土以平版鋪之穴船板以櫂槳俟風息則出江有風則勿出海舟無風不可動也以火箭射箬篷則不攻自破矣一夜造火箭成是日引舟出江其疾如飛天霽無風海舟皆不動以火箭射箬篷世忠軍焚溺而死者不可勝數世忠與餘軍至瓜州棄舟而陸奔宗弼輜重自瓜州舳艫相銜至六合不絕大金志紀渡江北還金史本傳左監軍達蘭原作撻懶謂其無功欲再侵江南大金志傳方躊躇江

上未有進退之計會聞宋人出陝右因而應之大金志紀遂從宗輔定陝西與張浚戰於富平宗弼陷重圍中韓常流矢中目怒拔去其矢血淋漓以土塞創金史本傳宗弼躍馬奮呼俱出搏戰遂敗浚軍宏簡錄又與阿里布招降熙河涇原兩路及攻吳玠於和尚原抵險不可進方退軍遇伏行三十里將至平地宋軍陣於山口宗弼大敗將士多戰没明年復攻和尚原克之天會十五年爲右副元帥封瀋王天眷二年自軍中入朝拜都元帥進封越國王宏簡錄察知達蘭與宋人交通賂遺以河南陝西地與宋奏請誅達蘭復舊疆是

時宗磐已誅撻懶在行臺復與呼鸛原作鶻懶謀反會置行臺於燕京詔宗弼爲太保領行臺尚書省都元帥如故往燕京誅撻懶撻懶自燕京南走將亡入於宋追至祁州殺之詔諸州郡軍旅之事決於帥府民訟錢穀行臺尚書省治之宗弼兼總其事遂議南伐太師宗幹以下皆曰構蒙再造之恩不思報德妄自鴟張所求無厭今若不取後恐難圖上曰彼將謂我不能奄有河南之地且都元帥久在方面深究利害宜即舉兵誅之遂命元帥府復河南疆土金史本傳詔由黎陽趨汴遣孔彥舟下汴鄭兩州王伯龍取陳州李成

取洛陽自率衆至亳州及順昌府嵩汝等州相次皆下因天暑還軍於汴河南平（宏簡錄）時天眷三年也（金史本傳）是秋宗弼再提兵與宋將岳飛戰至朱仙鎮得宋朝班師詔而還（大金志紀）上遣使勞問加太保有功將士三千並授忠勇校尉又攻克石嵐保德九月壬寅（宏簡錄）宗弼入朝是時上幸燕京見於行在所居再旬宗弼還軍上起立酌酒飲之賜以甲胄弓矢及馬二匹已啟行四日召還至日希尹（原作古新）誅（金史本傳）初宗翰朝辭已畢衆官餞於燕都檀州門裏宗弼甲第酒酣皆各歸惟希尹獨留嗜酒齧宗弼首曰鼠輩豈容我齧

哉汝之軍馬能有幾何天下之兵皆我也言語相及宗弼佯醉急走次早以辭皇后爲名泣告皇后后曰叔且行容款奏帝爾宗弼至良鄉召還二字從本傳節密奏帝入希尹所居宅第執而數之賜死神麓記越五日宗弼還軍進伐淮南克廬州金史本傳敗於柘皋大金志傳退屯於紫金山大金志紀復朝燕京詔與宰相同入奏事拜左丞相兼侍中兼修國史詔以燕京復隸尚書省西京及山後諸郡部族隸元帥府七月己酉還軍宏簡錄遂伐江南渡淮以書責讓宋人宋人答書乞加寬宥金史本傳復以書抵秦檜曰爾朝夕請和而岳飛方爲河北

圖必殺岳飛而後可和檜既奏誅飛及張憲岳雲大金志紀

宗弼令宋主遣信臣來稟議宋主乞先歛兵許儌邑拜表闕下金史本傳宋遣莫將周聿往京西充割地使割唐鄧等州入於金又割商泰州和尚方山原入於金宋止存上津豐陽天水三邑及隴西成紀餘地而已大金志紀

宗弼以便宜約以畫淮水爲界皇統二年二月熙宗紀

宗弼朝京師宋主遣端明殿學士何鑄容州觀察使曹勛等本傳無曹勛字依王倫傳增入進誓表其表曰臣構言今來畫疆令以淮水中流爲界西有唐鄧州割屬

上國自鄧州西四十里并南四十里爲界屬鄧州其

四十里外并西南盡屬光化軍爲敝邑沿邊州城既
蒙恩造許備藩方世世子孫謹守臣節每年皇帝生
辰并正旦遣使稱賀不絶歳貢銀絹二十五萬兩疋
自壬戌年爲首每春季遣人般送至泗州交納有渝
此盟明神是殛墜命亡氏踣其國家臣今既進誓表
伏望上國蚤降誓詔使敝邑永有憑焉宗弼進拜太
傳遒遣左宣徽使劉筈使宋以衮冕圭寶佩璲玉册
册康王爲宋帝其册文曰皇帝若曰咨爾宋康王趙
構不弔天降喪於爾邦亟瀆齊盟自貽顚覆俾爾越
在江表用勤我師旅蓋十有八年於茲朕用震悼斯

民其何罪今天其悔禍誕誘爾衷封奏狎至願身列於藩輔今遣光祿大夫左宣徽使劉筈等持節册命爾爲帝國號宋世服臣職永爲屏翰嗚呼欽哉其恭聽朕命仍詔天下賜宗弼人口牛馬各千駝百羊萬每歲宋國進貢内給銀絹二千兩疋表乞致仕不許、優詔答之賜以金券七年爲太師領三省事都元帥領行臺尚書省如故八年薨海陵時使施宜生撰墓銘施宜生傳大定十五年謚忠烈十八年配享太祖廟廷金史本傳圖像衍慶宮禮志子伯特金史本傳宗弼釐宋主於海島卒定畫淮之約熙宗舉河南陝西以與宋人矯而正之者宗弼也宗翰死宗磐宗雋達蘭滋溺富貴人人有自爲之心宗幹獨立不能如之何時無宗弼金之國勢亦曰殆哉世宗嘗有言曰宗翰之後惟宗弼一人非虛言也本傳贊　初宗弼病篤親筆遺四行府帥曰吾天命壽短恨不能與國同休少年勇銳冠絕古今事先帝南征北討爲大元帥左都監行營號太子軍東游海島南巡杭越西過興元北至小不到雲城今契丹漢兒侍我久服心於吾吾大慮者南宋近年軍勢雄銳有心爭戰聞韓張岳楊列有不協國朝之幸我今危急雖有其志命不可保遺言於汝等我死

後宋若敗盟大舉北來乘勢惑中原人心復故土如反掌不爲難矣吾囑付汝等切宜謹守勿忘我戒如宋兵果勢盛敵强擇兵馬破之若制禦所不能向與國朝計議擇用智者爲輔遣天水郡王安坐汴京其理無有弟與兄爭如尙悖心可輔天水郡王併力破敵如此又可安中原人心亦未深爲國患無慮者一也宋若守我誓言奉國朝命令時通國信益以和好悅其心目不數歲後供需歲幣色色往來竭其財賦安得不重斂於民江南人心奸狡旣擾亂非理人心必作叛亂無慮者二也十五年後南軍衰老縱用賢

智亦無驅使無慮者三也俟其失望人心離怨軍勢隳壞然後觀其舉措此際汝宜一心選用精騎謀用材略備其水陸取江南如拾芥何難爲哉爾等切記吾囑吾昔南征目見宋人兵器大妙者不過神臂弓次者重斧外無所畏今付樣造之元帥死贈大孝昭烈皇帝征蒙記順昌之戰金人震懼宗弼故亟欲和意捐燕以南棄之而秦檜亟班師一時名將誅翦罷逐不遺餘力大金志紀觀宗弼臨終堅守和好之說大金志傳蓋深幸南人未知北間事耳韓常傳然洪皓在燕密奏金國厭兵終卑詞厚幣屈節議和南北之不復合豈非

天哉大金志紀
亨本名伯特原作孛迭兀朮子大金志紀熙宗時封芮王爲明安加銀青光祿大夫天德初加特進海陵忌太宗諸子將謁太廟以亨爲右衛將軍金史本傳密諭之曰朕疑太宗諸子太彊得卿衛左右可無慮耳太宗諸王傳海陵賜良弓亨性直材勇絶人喜自負辭曰所賜弓弱不可用海陵遂忌之出爲眞定尹歷中京東京留守金史本傳家奴梁遵誣告與衛士符公弼謀反考驗無狀遵坐誅海陵益忌之改除廣寧尹宏簡錄以李老僧爲同知廣寧尹使伺察亨構致其罪亨喜博及至廣寧與

老僧博待之甚厚老僧由是不忍致亨死罪遲疑久之海陵再使實達爾額琳（原作小底訛論）促老僧乃與亨家奴六斤謀殺亨獄中（李老僧傳）亨擊鞠爲天下第一嘗獨當數人馬無良善皆如意馬方馳輒投杖馬前側身附地取杖而去每畋獵持鐵連鎚擊狐兔一日與海陵同行道中遇羣豕曰吾能以鎚殺之擊中其腹穿入之終以勇力見忌焉正隆六年復殺亨妃圖克坦氏（原作徒單氏）次妃大氏子德音（原作羊蹄）等三人大定初追復亨官爵封韓王十七年詔有司改葬及妻子（金史本傳）

偉忠烈王兀朮之次子也（此金史不載由大金志採入）性耿介習

兵事大定十七年四月三日國主與太子諸王在東
苑賞牡丹晉王允猷賦詩以陳和者十五人偉探知
其意直前頓首言曰國家起自漠北君臣將帥皆以
勇力戰爭雄略故能滅遼滅宋混一南北諸番畏懼
自近年多用遼宋亡國諸臣以富貴文字壞我土俗
先臣昔在順昌爲劉錡所敗便言用兵不如天會時
皆是年來貪安漸爲人侮今宋所傳之主有志報復
膆骨不受調役夏人亦復侵邊陛下舍戰鬭之士謂
其不足與語使說文字人朝夕在側不知三邊有急
把作詩人去當得否主默然左右皆駭目相顧知內

省事余萬福向前扶之曰皇帝方懽飲耶君御作苦
惱人語邪扶起去之自是文武分黨如氷炭矣承安
元年內侍江淵用事太后與主皆信之淵公受賂遺
除拜生殺皆出其口或以事不入則機務塡塞不即
報下張克已等朝夕候其門下夏人入寇陜西喪師
連年皆不即以聞偉上疏諫在都堂慷慨謂右諫議
鄭遂良等曰太宗皇帝與忠獻忠烈王百戰以有天
下忠烈王臨終以夏人蒙人爲憂遺奏極切今乃內
外偷安惡聞敵患獨不聞耶律趙氏將亡之時乎淵
聞而惡之諷東臺御史劾其短除名爲民徙居代州

偉既敗中外惕息大金志紀

昌本名達蘭原作撻懶穆宗子金史本傳武元從弟也爲人驍勇無賴少時暴横部落苦之武元愛其雋爽從破燕山大金志傳復從宗翰襲遼主於鴛鴦濼追都統瑪格原作馬哥不及收其羣牧獲樞密使德勒岱原作得里底及其子摩格原作摩哥納延原作那里以還及太祖自將襲大魚濼留輜重於草濼使達蘭雅穆原作牙卯守之奚路險阻經略爲難兵官琿楚原作渾黜不能安撫其衆命爲六路軍帥鎮之時回离保部族來附餘衆奔潰命實古納原作習古迺博勒和原作婆盧火護送赴燕戒以若遇險阨卽分兵

以行宏簡錄實古納博勒和迺合於達蘭金史本傳其役撫
定奚部及分兩路邊界表請設官鎮守上依東京渤
海例置千戶穆昆久之討噶珊原作劾山蘇庫原作速古部奚
人因據險來戰殺獲殆盡其蘇庫卓琳原作毀里托紐原作
鐵尼十三巖皆平之又遣奚馬和尚攻下品達魯古并
五院司諸部執其節度乙列詔以克副所託艮用嘉
歎建州約尼扎古雅原作遙輦昭古牙部族乃遼外戚達蘭
擊走之獲其妻孥及官豪之家又擒殺隊將克爾叟
博斯呼原作鶻魯燥白撒葛降民戶千餘進降金源縣詔增賜
銀牌十又降約尼二部再破興中兵降建州官屬得

山砦二十村堡五百八十扎古雅勢蹙亦降詔第將士功賞撫安新民達蘭請以約尼九營爲九明安上以都林（原作奪鄰）有功使領四明安扎古雅仍爲親管明安其五明安都帥命達蘭擇人授之達蘭與劉彥宗舉蕭公翊爲興中尹郡府各以契丹漢官攝治上皆從之乃以爲六部都統從伐宋已受宋盟還軍歸中京八月復征與阿里庫（原作阿里刮）攻杞縣破宋兵二萬覆其三營獲東京路都總管胡直孺及其二子并南路都統制隨師元及其二將遂克拱州降甯陵破睢陽下亳州宋兵復睢陽又擊走之擒其將石瑱大軍

北還宏簡錄為元帥左監軍徇地山東取密州達呼原作迪虎取單州達蘭取鉅鹿阿里庫取宗城達呼布原作迪古不取清平臨清蒙克原作蒙刮取趙州阿里庫徇下濬滑恩及高唐分遣諸將趣磁信德皆降之劉豫以濟南府降詔以豫為安撫使治東平達蘭以左監軍鎮撫之後為右副元帥六字依詳校本刪大事專決焉天會十五年為左副元帥封魯國王金史本傳張邦昌被誅詔諸將復求可立者乃力舉劉豫及豫廢達蘭倡議以廢齊舊地畀宋宏簡錄宗弼為都元帥再定河南陝西伐宋渡淮宋康王乞和遂稱臣畫淮為界乃罷兵金史本傳達蘭以久

持兵柄謀反有狀詔以屬尊有大功因釋不問出爲行臺左丞相手詔慰遣既至燕京愈驕肆不法復與翼王呼蘭（原作鶻懶）有謀朝議漸悉其與宋交通復有上變告者（宏簡錄）熙宗乃下詔誅之（金史本傳）詔曰先王制賞議罰賞所以褒有功非濫恩也罰所以罰有罪非濫怒也朕惟國相達蘭輔佐先帝曾立邊功迨先帝上仙朕承繼丕業眷維元老俾董征誅不謂持吾重權陰懷異議國人皆曰可殺朕躬非故私徇奏對悖慢理當棄礫以彰厥過嗚呼四皓出而復興漢室二叔誅而再造周基去惡用賢其鑒斯在布告中外咸使

聞知金節要并殺翼王及宗人呼勒希圖原作活離胡土達蘭二子威泰原作斡帶烏達布原作烏達補而赦其黨與金史本傳

# 吉林通志卷八十

## 人物志九 金八

薩里罕　錫默阿里

托克索　富埒琿

阿里布　赫木頗

德克德　額圖琿

實納　穆都哩

達呼布　和珍

薩里罕原作撒离喝大金志作撒離曷金石萃編作薩甲干一名杲安帝六代孫泰州博勒和原作婆盧火之族和勒博纖之孫原作胡魯補山

雄偉有才略金史本傳世祖養以爲子太祖愛之常令在軍故不隨遷仍居按春水原作安出虎宏簡錄以驍勇見知於宗翰大金志伐宋宗翰傳爲萬戶大金志克汴北還宗望分遣諸將定河北左都監棟摩原作闍母攻下河間雄州李成棄城走薩里罕邀擊大破之雄州遂降金史本傳宗輔經略山東留軍河上眞定賊自稱元帥泰王擊破其眾執而戮之宏簡錄婁室征陝西薩里罕副之天會九年十月繫年要錄宗弼軍敗於和尚原金史本傳自河東還燕山左副元帥宗維金史作宗翰留宗弼在軍中更以薩里罕爲陝西經略使繫年要錄徇地自渭以西降順德軍又

降脫原路鎮戍軍進平熙河降甘泉等二堡遂取保川城明年同璸都原作奔覩討平河外降甯洮安隴二寨並降下河及樂河至西甯盡降其都護官屬於是瑪爾布族長等皆迎降攻慶陽敗其拒者遂降其城慕洧以環州來降得城寨十三步騎一萬於是上褒美薩里罕而戒厲宗弼睿宗已定陝西留兵屯衝要使薩里罕總之居無何請收劍外十三州與宋王彥之軍七千人遇於沙會濼敗之金史本傳入洵陽界宋將邵龍敗走大金志遂克金州連破吳玠諸軍於饒風關金史本傳募死士由饒風之左援崖而上升遂克祖溪關大金

志取眞符縣及洋州入興元府敗吳玠軍於固鎮擒其兩將盡下諸砦及仙人關金史本傳時十二年二月丁酉也太宗紀是年冬十一月疆場無事獵於梁山之陽至唐乾陵經略郎君行記碑題名而記其事金石萃編十四年爲元帥右監軍未幾爲右副元帥金史本傳天眷元年遷左監軍二年遷左副元帥大金志三年宗弼復取河南金史本傳薩里罕自河中渡河入同州界破永興軍及鳳翔府陝右大恐既而折合孛堇戰敗中傷退屯武功和議再成南北不復戰矣大金志皇統三年封應國公賜賚甚厚熙宗出獵賜具裝馬二命射於圍中加開府

儀同三司將還軍命宰臣餞之海陵升蒲州爲河中
府薩里罕爲尹左副元帥如故自陝西入朝因從容
言曰唐建成不道太宗以義除之即位以後力行善
政後世稱賢陛下以前主失德大義廢絕力行善政
則如唐太宗矣海陵聞其言色變旣而進封國王以
爲行臺左丞相兼左副元帥又恐不奉命陽尊以殊
禮使係屬籍以玉帶璽書賜之至汴詔諭右丞相右
副元帥撻不野無使薩里罕預軍事薩里罕不知每
事輒爭之撻不野詭曰太師梁王以陝西事屬公以
河南事屬撻不野今未嘗別奉詔命陝西之事撻不

野固不敢干涉撻不野久在河南將士畏而附之薩里罕始至勢孤爭之不得白於朝大臣希上旨報曰如梁王教使還撻不野獨有附奏薩里罕不得預聞人皆知海陵使撻不野圖之矣金史本傳帥府令史約索原作遙設希意誣薩里罕父子并平章宗義尚書謀里野等謀反約索學薩里罕手署并印文詐爲家書與其子宗安從左都監璮都上變宏簡錄封題作已經開拆者書隱約有白字作會經水浸致字畫分明者稱宗安於宮門外遺下此書約索拾得之金史本傳辭云阿格原作阿渾汝安樂否早晚到闕下前者走馬來時曾議論

我教汝阿格平章穆里延阿格等處覰事勢再通往來緩急圖謀知汝已嘗倩細言之穆里延阿格所言賺是只殺托卜嘉則南路無憂慮矣宗義傳　又曰撻不野自來於我不好應是知得上意遲緩分毫猜疑必落他手也阿格每見此書約定日月教薩古令史卻寫白字書來有司鞫問宗安不服曰使眞有此書我剖肌肉藏之猶恐漏泄安得於朝門遺之有司笞掠楚毒薩古不能堪自誣服宗安神色不變曰今雖無以自明九原之下必有寃對吾終不能引屈竟不服而死宗義謀里野皆被害遂使色埒渾原作厮魯渾殺薩

里罕於汴族其家親屬坐死者二十餘人大定初詔復官爵三年追封金源郡王謚莊襄以郡王品秩官爲營葬圖像衍慶宮五字依詳校本增十七年配享太宗廟廷宏簡錄

錫默原作斜卯阿里珠卜奇原作朮吉水錫默部人宏簡錄父歡塔原作渾坦穆宗時内附數有戰功阿里年十七從伯父和摩爾噶原作胡麻谷討卓多原作詐都獲其弟薩勒扎原作阿里只高麗築九城於海蘭甸歡塔攻之遇敵於穆爾茂原作木里門甸力戰久之阿里挺槍刺其將於陳中敵遂潰歡塔與碩碩歡原作石適歡合兵於圖們原作徒門阿里首

敗敵兵取其二城高麗入寇以我兵屯守要害不得進乃還阿里追及於海蘭原作曷懶水高麗人爭走水上阿里乘之殺略幾盡遂合兵於碩碩歡道遇敵兵五萬擊走之又與碩碩歡遇敵七萬先登奮擊大敗之碩碩歡曰汝一日之間三破重敵功豈可忘乃厚賜之金史本傳哈薩頷特布原作斡塞烏睹本攻托津原作駝吉城阿里築楹為門會已暮不可入以兵守至旦遂取之額特布遺以被甲乘馬宏簡錄從太祖攻下甯江州授明安又從攻信州賓州皆克之遼人來攻貝勒和索哩原作忽沙里城阿里率百餘騎救之遼兵數萬阿里兵少乃

令軍士裂衣多爲旗幟出山谷間遼兵望見遯去蘇復州叛衆至十萬旁近女直皆保於太尉和碩（原作胡沙）家築壘爲固敵圍之數重守者糧匱俱盡牛馬相食其鬃尾人易子而食夜縋二人出告急（阿里字依詳校本刪）阿里赴之内外合擊大破其衆於必爾罕（原作闢离密罕）水上勦殺幾盡水爲之不流富埒赫哈爾吉（原作蒲离古胡什吉）水馬韓島凡十餘戰破數十萬衆契丹奚人聚舟千艘將入於海阿里以二十七舟邀之中流矢卧舟中夜始蘇敵船已入王家島卽夜取海路追及之敵走險以拒復（阿里字依詳校本刪）以騎兵邀擊再中流矢力戰不退

竟破之盡獲其舟於是蘇復州博索（原作婆速）路皆平攻顯州下靈山縣取梁魚務敗伊都（原作余睹）兵功皆最後與蘇都哩（原作散都魯）屯高州契丹扎古雅（原作昭古牙）糾堅（原作九斤）合與中兵數萬攻和爾台（原作胡里特）寨將（阿里字依詳校本創）以八穆昆兵救之和爾台先往敗於城下阿里指陣前緋衣者二十餘人曰此必賊酋也麾兵奮擊皆殺之餘衆大潰來州隰州兵圍和爾台城聞阿里來救卽解圍去棟摩討張覺有兵出樓峯口山谷間與（阿里字依詳校本創）蘇都哩呼拉布（原作忽盧補）三明安擊敗之（金史本傳）又敗平州兵及伐宋別擊敗宋軍孟陽之役扼橋

渡力戰明年再舉至保州中山累破之進圍眞定與羅索原作婁室赫嚕原作豁魯乘風縱火焚其樓櫓諸軍畢登進克其城師至河上鈕祜祿呼遜原作粘割胡撒擊走宋人扼河津兵數千遂渡河諸將分出大名境阿里破敵四百盡殪之圍汴京城中兵二萬夜出將焚攻具與持嘉暉原作赤盞暉及穆昆察遜雅薩原作常孫陽阿禦之其衆大潰還乃攻降趙州宏簡錄六年伐宋主取陽穀莘縣敗海州兵八萬人降其城史作海州降此依宏簡錄敗賊船萬餘於梁山泊招降滕陽東平泰山羣盜盜攻范縣擊走之獲船七百艘宗弼攻下睢陽與烏雅富埒琿原作烏延

蒲盧渾先以二千人往招壽春具舟淮水上時宋將康民史無宋將字依詳校本增聚買船四百與壽春相近珠爾蘇原作朮列速以騎四百破康民斬馘數千與當堪原作當海大臭破賊十萬於淮南比至江連破宋兵獲舟二百艘宗弼至江甯與富埒琿別降廣德軍先趣杭州去杭十餘里遇宋伏兵二千取我前驅甲士三十八阿里使諸軍去馬搏戰伏兵敗皆逼死於水金史本傳已乃具舟列於錢塘江宋主奔越珠爾蘇等破其城復走明州宗弼遣阿里富埒琿引精兵四千襲之宏簡錄破東關兵濟曹娥江敗宋兵於高橋鎮至明州頗失利宋主

已入於海乃退軍餘姚宗弼使當堪濟師遂下明州執宋守臣趙伯諤進至昌國縣宋主由昌國走温州由海路追三百餘里弗及與宗弼俱北歸睿宗經略陝西駐涇州阿里先取渭州睿宗趨熙河阿里綏赫原作斜葛韓常三明安爲前軍十二年與高彪監護水運宋以舟師阻亳州河路擊敗之追殺六十餘里獲其將蕭通破漣水水寨賊盡得其大船遂取漣水軍招徠安輯之天眷間盜據石州阿里討之鈕祜祿呼遜與所部先登克其城石州平宗弼再伐宋阿里已老督造戰船宋稱臣詔賜阿里錢千萬爲迭里部節度

使歷順義泰甯軍歸德濟南尹天德初致仕加特進封王正隆例降封韓國公召赴闕命造戰船以疾薨年七十八謚智敏金史本傳大定間定亞次功臣圖像衍慶宮十三字依詳校本增阿里性忠直多智略自結髮從軍大小數十戰尤習舟楫江淮用兵無役不從人以水星目之家故饒財弟兄相友愛以已明安財物盡與弟阿布哩原作愛拔里阿布哩不肯受逃避歲餘阿里終與之金史本傳

托克索原作突合速宗室子納罕原作拏罕塞人初隸萬戶實嘉努原作石家奴麾下嘗領偏師破雲中諸山寇盜宗望

攻平州遣托克索討應州賊平之撫安其民而還及伐宋在宗翰軍以八穆昆破石嶺關（金史本傳）關猶險隘太原帥張孝純謀守關之人命冀景景辭孝純不許復命耿守忠以本部八千助之景復辭孝純曰第如我語景不得已而往使守忠當其前及至關守忠果敗而獻之景單騎奔還（大金國志）師至太原祁縣降而復叛托克索攻下之進取文水縣後從諸師列屯汾州之境宋河東軍帥郝仲連張思正陝西軍帥張關索及其統制馬忠合兵數萬來援皆敗之宗翰南伐至潞還太原猶未下即留完顏尼楚赫（原作銀朮可）總督諸

軍經略其地於是宋援兵大至托克索從瑪武（原作馬五）烏嚕（原作沃魯）破宋兵四千於文水聞宋將黃迪等以兵三十萬柵於縣之西山復與耿守忠合兵九千擊之殺八萬餘人獲馬及資糧甚衆宋制置使姚古率兵至隆州谷托克索與巴爾斯（原作拔离速）以步騎萬餘禦之宋將張灝以兵十萬營於文水近郊復與巴爾斯擊破之潞州復叛宋兵號十七萬托克索被圍麾軍士下馬力戰遂潰圍而出及再舉伐宋羅索（原作婁室）率軍先趨汴至澤州托克索烏嚕以五百騎爲前驅往招河陽先據黃河津宋兵萬餘背水陣進擊敗之皆

擠於水遂降河陽汴京平諸將西趣陝津略定河東郡縣托克索取憲州遇其援軍擊敗之生擒其將貝勒甯温珠嚕(原作濃瑰朮魯)等攻保德未下托克索進兵助擊梯衝並進遂克其城貝勒烏爾古(原作烏谷)攻石州屢敗亡其三將軍士歿者數百八托克索謂烏爾古曰敵皆步兵吾不可騎戰烏爾古曰聞賊挾妖術畫馬以縶其足疾甚奔馬步戰豈可及之托克索笑曰豈有是耶乃令諸軍去馬戰盡殪之六年尼楚赫(史作宗輔依詳校本改)駐師鄧州托克索瑪武巴爾斯西取均房遂下其城攻唐蔡陳州及潁昌府皆克之天會初除彰

德軍節度使三年爲元帥左監軍皇統八年改濟南尹天德間封定國公授世襲千戶卒年七十二正隆二年贈應國公（金史本傳）大定間定亞次功臣圖像衍慶宮贈特進（十六字依詳校本增）

烏雅富埒琿（原作烏延蒲盧渾）海蘭（原作孩懶）路烏克敦（原作烏古昏敵）山人父巴古拉（原作孛古刺）爲龍虎衞上將軍富埒琿瞀力絕人能挽强射二百餘步（金史本傳）與兄呼沙呼（原作鶻沙虎）俱以勇健隸棟摩（原作闍母）帳下攻黃龍府力戰有功兔耳山之敗張覺復整兵來諸將皆不敢戰富埒琿獨登山望之（宏簡錄）乃紿諸將曰敵軍少急擊可破也

若入城不可復制遂合戰破之郭藥師蔡靖以燕京降富埒琿率九十騎先伺察城中居民去就遂將漢兵千人隸完顏蒙克（原作蒙适）攻眞定進攻贊皇取之獲人畜甲仗萬餘汴城破日已暮宋人猶力戰槍刺中富埒琿手戰益力遂敗宋軍賜金五十兩（睿宗爲右副元帥二十二字依詳校本刪）元帥府承制以富埒琿爲河北西路兵馬都總管及宋主在揚州富埒琿與蒙克將萬騎襲之宋主已渡江破其餘兵後與錫默阿里俱從宗弼自淮西渡江取江寧宗弼入杭州宋主走明州再走温州由海路追三百餘里隳明州而歸天眷二年授鎮

國上將軍除安國軍以疾去官皇統六年世襲穆昆
起爲延安尹賜尙衣一襲尋致仕海陵遷中都起爲
歸德尹就其家授之賜銀牌襲衣玉吐鶻馳驛之官
富埒琿留數十日已違程復聽致仕召赴京師至薊
州見海陵於獵所明日從獵獲一狐海陵曰卿年老
尙能馳逐擊獸健捷如此賜以御服封幽國公除太
子少師進太子太保改眞定尹入判大宗正事頃之
伐宋以本官行右領軍副都督事師次西采石海陵
欲渡江富埒琿曰宋軍船高大我船庳小恐不可遽
渡海陵怒曰汝昔從粱王追趙構於海島皆大舟耶

乃今沮吾兵事設不能遽渡江不過有少損耳爾年巳七十縱自愛豈有不死理耶明日當與瑣都原作奔睹先濟旣而復止之乃遣別將先渡江舟小不可戰遂失利金史本傳軍還至中都謁世宗除東京留守詔諭卿宿將久練兵事年雖老精神不衰因命到官旬月一視事賜衣一襲進階開府儀同三司宏簡錄仍封幽國公金史本傳大定二年卒年七十三孫扎昆原作扎虎遷廣威將軍襲烏克敦山世襲明安並親管穆昆宏簡錄

阿里布原作阿离補宗室子系出景祖屢從征伐滅遼舉宋皆有功天會九年睿宗經略陝西阿里布爲左翼

都統與右翼都統宗弼撫定鞏洮河西甯蘭廓等州軍來賓定遠和政甘峪甯洮安隴等城寨及鎮堡蕃漢營部四十餘處漢官軍民蕃部酋長甚衆於是涇原熙河兩路皆平詔以兄明安薩勒扎原作沙离質親管穆昆之餘戸以阿里布爲世襲穆昆天會十二年爲元帥右都監十五年遷左監軍天眷三年從宗弼復河南遷左副元帥皇統三年封譚國公六年爲行臺右丞相史作左丞相依詳校本改元帥如故是歲薨大定間大褒功臣圖像衍慶宮金史本傳有所未盡宏簡錄故定亞次功臣始代國公罕都原作歡都金源郡王實圖美原作石土門徐

國公琿楚原作渾黜鄭國公們圖克原作謾都訶濮國公實古納原作石古乃濟國公芬徹原作蒲查韓國公錫默阿里原作斜卯阿里元帥左監軍巴爾斯原作拔离速魯國公富察實嘉努原作蒲察石家奴銀青光祿大夫蒙克原作蒙适隨國公和尼原作活女特進托克索原作突合速齊國公博勒和原作婆盧火開府儀同三司烏雅富埒琿原作烏延蒲盧渾儀同三司阿里布原作阿魯補鎮國上將軍烏淩阿原作烏林答托雲原作太裕太師領三省事勗原作烏頁太傅大臬本名托卜嘉大興尹持嘉暉原作赤盞暉金吾衛上將軍耶律瑪武原作馬五驃騎上將軍韓常終阿里布金史本傳凡二十三八宏簡錄咸著勳焉子

言方金史本傳

赫木頗原作鶻謀琶珠卜奇原作朮吉水錫默原作斜卯部人性忠直寬厚重節義勇於戰父阿古圖原作阿鶻土贈金吾衛上將軍穆宗時赫木頗內附金史本傳先遣子甯嘉原作甯吉從閒道送款使與和勒端原作活里疃合軍攻降諸部因領其衆後佐薩哈原作撒改攻破烏塔原作塢塔城屢被賞賚時富察原作蒲察部雅里貝勒與其兄弟和拜原作胡八松科原作雙括等欲叛歸遼赫木頗執之送於康宗賜賚甚厚從戰高麗海蘭原作曷懶甸及下托囉原作陁魯城有功宏簡錄天輔六年卒年七十二天眷中贈銀青光祿大夫金史

本傳

德克德（原作迪姑迭）溫特赫（原作溫迪罕）部人祖哲克訥（原作托古）迺父阿古岱（原作阿胡迭）世爲和掄（原作胡論）水部長德克德年二十餘代領父穆昆攻甯江州敗遼援兵獲甲馬財物攻破奚營回至韓州遇敵二千人擊走之烏楞古（原作斡魯古）與遼人戰於咸州兵已卻德克德以本部兵力戰諸軍復振遂大破之呼岱巴（原作護步答）岡之役阿里布（原作乙里補太祖紀本作阿离本）貝勒陷敵中德克德援出之攻黃龍府身被數創授明安天輔七年從上至山西病卒年四十七天眷中贈光祿大夫（金史本傳）

額圖琿原作阿徒罕温特赫原作温迪罕部人年十七從薩哈撒改原作討平諸部皆身先力戰高麗築九城於海蘭原作曷懶甸烏色原作斡塞禦之額圖琿爲前鋒金史本傳諜知兵屯海島亟率衆三十夜渡焚其營柵戰艦兵遂大敗始下托津原作圖吉城既而八城皆下論功爲最宏簡錄遼兵自甯江州東門出額圖琿逆擊盡殪之以功授穆昆從攻黃龍府力戰身被數十創竟登其城後與鄂蘭沙津原作烏論石準撥昭蘇原作照散城請乘不備急擊之遂夜過伊圖原作益褪水詰朝大敗之斡魯上其功賜幣與馬天輔四年五月疾病賜良馬一匹詔曰汝

安則乘之卒年六十五上悼惜之遣使弔祭以馬爲賵額圖琿爲人孝悌好施惠健捷善弋獵至角觝擊鞠咸精其能（金史本傳）

瓜爾佳實納（原作夾谷謝奴）隆州納爾琿（原作納魯悔）河人（金史本傳）祖阿哈（原作阿海）國初率所部來歸獻器用甲仗（宏簡錄）父布爾噶蘇（原作不剌達）襲本部貝勒從太祖伐遼授世襲明安親管穆昆爲海蘭（原作曷懶）路都統實納其長子也長身多力（史作多髯依詳校本改）善騎射通女直契丹大小字及漢字既冠隨其父見太祖命佩金牌總領左翼護衛（金史本傳）天輔六年（太祖紀）西京未下實納獲城中生口

乃知城中潛遣人求救於外都統府得爲之備卻其救兵西京乃下自燕京還過盤泥納原作判泥恩納阿遇敵於隘實納身先士卒射殺敵中先鋒二人敵潰走總管富勒呼原作蒲魯虎以甲及馬贈之後領其父明安從攻和尚原出仙人關宋人據險明安綽爾齊原作雛訛只突戰不克實納選麾下五十人戰克之與吴玠相拒烏哩雅原作烏里雅行陣不整吴玠乘之實納領兵逆戰遂大破敵討前後功襲其父明安穆昆金史本傳天眷三年熙宗紀宗弼復取河南陝西宋人欲潛兵襲取石閏諸營實納自渭南大禹鎮掩其伏兵射中其軍帥宋

兵敗走多獲旗幟兵仗帥府厚賞之除華州防禦使入爲工部侍郎遷本部尚書改平涼尹昭義軍節度使大定初卒金史本傳子扎拉原作查剌宏簡錄

珠勒根穆都哩原作阿勒根沒都魯上京納琳原作納鄰河人也後徙咸平路梅赫原作梅黑河雄偉美鬚髯勇毅善射國初伐遼穆都哩在軍中領穆昆明安每遇敵往來馳突人莫敢當故所戰克捷皇統元年討功擢宣威將軍明年授同知通遠軍節度使改伊埒圖原作移剌都紥詳袞授世襲本路音達琿原作甯打渾河穆昆爲滑州刺史改肇州防禦使扶餘原作蒲與路節度使遷驃騎上將軍

累官金吾衛上將軍金史本傳以年老致仕卒年七十三宏簡錄

洪果達呼布原作黃摑敵古木世居錫馨原作星顯水從破甯江取咸州平東京路及諸山寨柵皆有功從瑪奇原作麻吉破遼和尚節使兵七千於上京復破納延原作那野軍二萬再從瑪奇遇敵於阿林原作阿鄰甸瑪奇被創不能戰達呼布率兵擊敗之勦殺殆盡從攻回鶻城破其兵九萬敗瑪爾戩直薩原作木匠直撒兵於山後俘獲甚衆敗扎古雅原作昭古牙兵三千獲其家屬而還攻平州張覺烏春原作吾春被圍於西山引兵救之解其圍並獲糧五

十斛招降戶口甚衆從平興中撫安其民入天會間大金伐宋從取濬開德大名及取濟南高唐棣密等州皇統間以功襲穆昆移屯於壽光縣界爲千戶六年授世襲千戶棣州防禦使卒金史本傳

富察和珍原作蒲察胡盞按春原作安出虎水人也年十八從軍其父塔斯原作特斯死襲爲穆昆天輔間夏兵三萬出天德路從羅索原作婁室迎戰以兵三百敗敵二千金史本傳天會三年大軍攻太原以所領千戶軍擊敗城中兵萬餘又敗援兵三萬於榆次境宏簡錄六年從羅索攻京兆以所部兵屢與宋人接戰皆先登有功七年取邠

州遇宋人二十餘萬右翼少卻時和珍爲左翼千戶

摧鋒陷陣敵遂敗去敗張浚富平復有功十二年擊

關師古衆三萬餘於臨洮從攻涇州從破德順秦鞏

臨洮河蘭等州破吳璘兵和珍皆有力焉授德順州

刺史改隴州防禦使鳳翔尹卒年五十五金史本傳